法律歸法律？

熱門新聞話題中的法律爭議，
我也是看法白才知道！

著 法律白話文運動

Plain Law Movement

推薦序

我也是看諾白才知道！

社會賢達　吳學展

過了三十歲之後，發現自己越來越沒耐心。原因可能包括，每長一歲就覺得剩下的日子就少一點了、體力變差更容易感到疲累、更明確地知道自己（不）喜歡的人事物……因此就更不想浪費時間在無謂的事情上。我心中名列前茅的，就是沒有效率的討論和溝通。

撇開那些擺明沒有要認真交流、只需要大家「高來高去」的社交場合，即使在正式的會議上也常遇到不知所云的對話，其中一種常見的問題便是「講話不精確」。例如在產品行銷會議上，有人只說了目標客群是「年輕族群」，這種解析度過低的概念通常沒什麼用。

我也聽過另一種極端的說法：「政府把法律搞得這麼複雜，讓大家都看不懂，目的就是要讓政客有上下其手的空間。」彷彿現代的民主法治國家只需要一部憲法，其餘的法律和行政命令等細部規定都是多餘的。

綜合上述兩件事來看，就是一個非法律專業人在接觸法律議題（或其他議題的法律面向）的挑戰和收穫：有意識地把話講精確。

例如，這兩年因為 Covid-19 的影響，政府提出許多針對企業及個人的紓困方案，但在實行時卻經常遇到批評：不該領到紓困金的人領到了，該領的人卻領不到。這同樣是定義問題：「誰」有資格領紓困金。

以藝文工作者（演員、樂手、錄音師等）為例，如果沒有明確的雇主，本來就是四處接案的工作狀態，該如何向政府證明自己有紓困的需求？反過來說便是，政府要如何針對百工百業的工作型態，逐一畫出「這間企業需要紓困」的那條線，於是就成了那些「難以看懂」的規定條文。

不只是這種爭議性的時事議題需要精確定義，就連在大多數道德文化中非常一翻兩瞪眼的「殺人」行為，在法律上也分成殺人、義憤殺人、殺害直系血親、母親於生產時殺害子女、教唆他人自殺……眾多樣態。光從字面看，應該就能理解這些定義及分類的必要，也就能懂法律為何要這麼「囉唆」。

具備這種意識之後，就不會輕易脫口而出「反正殺人就是不對」這種解析度超低的廉價評論，而是能習慣問出「重點是有沒有『義憤』？」以進一步釐清定義與爭點。就像平常跟身邊的社會賢達朋友們喝酒時，「法律白話文運動」的社群總監 Roy 經常在中間補上一句：「OK，我歸納一下，所以這件事情就是……那麼，衝突點就在這裡，對吧？」（相信有聽過法白 Podcast 節目《法客電台》的人，應該會覺得這段文字有聲音。）

類似的情況也發生在我的公司「台灣通勤第一品牌」。這個同名 Podcast 節目除了以「充滿幹話」、「很吵的笑聲」、「什麼都能聊」等特色為人所知，有一群聽眾（包括我自己）喜歡這頻道的理由，便是主持人很擅長討論事情。在許多集數中，主持人們要進入正題時都會先說：「那我們先來試著定義一下〇〇。」於是，從開始定義的過程，討論就已經同步啟動了。

此外，得到這套法律式「認真討論」的方法時，你也已經同時學會「不認真討論」的技巧了。當你想要開啟敷衍模式時，就把上面的觀念全部反過來執行：不要把概念定義清楚、順著對方的說法不斷重複，甚至拓展與模糊化，讓對方自顧自地講完話，最終這場對話就會因為找不到話題的衝突點而自然結束，敷衍工作也就順利完成了。

回到《法律歸法律？》這本書。書中的每篇文章都從一個真實事件出發，點出故事中的某個疑惑，再進一步循著前述的步驟（釐清定義、找出爭點），從法律概念回答這個疑惑。

這本書的內容乍看之下比較像是「法律冷知識合輯」，也就是對一般人並不實用的知識。讀法白的文章，可能會讓你想要考法律系，但應該無法讓你考上法律系，真正出事的時候最好還是先打電話給律師。因此，正確使用《法律歸法律？》的方式是，一邊吸收這些用不太到冷知識，一邊也把每篇文章當作練習題，逐漸習得法律式的思考方法，提升視野的解析度，提高討論效率，讓敷衍更有技巧，並且將人生有限的時間花在更值得的事情上。

作者序

我們仍在努力 讓法律好好說話

你現在翻開的是法律白話文運動的第八本書。

今年剛好是法律白話文運動成立的第八年，我們出了八本書，Instagram 社群逼近三十萬大關、開啟了短影音計畫。

每一天，我們都在嘗試讓更多人看到法白的可能。

在過去，一般人想要理解法律卻不得其門而入、法律人想要和普羅大眾分享觀點卻乏人問津。於是我們試著從中切入，傳達法律人的想法，幫一般人敲開進入法律世界的第一道大門。

我們發現，重點依然是好好地講人話。「專業」和「說出別人聽得懂的話」並非互斥的概念，反過來說，任何有效溝通的前提都是對方願意聽，而且聽得懂；若做不到，再怎麼專業的內容，也只是枉然。

社群平台一直以來都是我們推廣內容的利器，過去幾年來，我們每天努力地刷存在感，從各種新聞事件、社會議題挖出法律成分，去蕪存菁後產出平均每篇千字的社群文案送到各位面前。

本書集結了過去一年多來，法律白話文運動在 Instagram 上反應熱烈的三十篇主題。和社群平台每篇貼文八百多字不同的是，本書大幅改寫原有的內容，並且加深、加廣探討其中的法律概念。

這本書的選題，從一般生活面向的法律知識、近一年發生的各種時事問題，以及長期以來的重大議題。

有一些很普通、有一些很高大上。很普通的題目，我們挖到概念的最深處，讀完以後你不會馬上變成法律專家，但至少可以讓你感受到法律在你的血管裡流動；高大上的題目，不用多說，百分之百發揮它高大上的價值，也讓你讀完以後，和朋友討論時看起來更有料。

相同的是，我們仍維持過往的風格：無論透過什麼載體，只要是法律白話文運動出品，我們絕對會讓你有興趣，而且看得懂，然後充滿著想分享給身邊人看的動力。

最後的最後，必須感謝法白的同事們分擔了我在瘋狂趕書稿期間的工作；感謝每一位法白社群文案的作者們，大家充滿創意的思考、對議題的精準切入，是法白社群受歡迎的關鍵因素；感謝法白網站的各位文章作者們，建構了我們最多元的素材資料庫。最重要的是，必須感謝時報出版編輯張擎，若沒有張擎，這本書就不可能在此時此刻，以這個完美的姿態呈現在各位面前（而我可能還在無止盡的拖稿中）。

（提到拖稿，必須再跟我親愛的指導教授說一聲抱歉了老師，我不小心先寫了其他書，論文也會趕快寫完。）

以及感謝現在看到這個段落的你，無論你是不是法白的讀者，當你翻開下一頁之後，我們絕對讓你滿載而歸。

另外如果你還沒追蹤我們的話，請到各大社群平台搜尋「法律白話文運動」並按下追蹤，感恩的心。

廖伯威　二〇二二年四月

第1部分　我也是看法白才知道的荒唐事件

第2部分 我也是看法白才知道的不公不義

第3部分 我也是看法白才知道許多人在努力

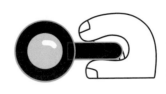

PART 1

我也是看法白才知道的荒唐事件

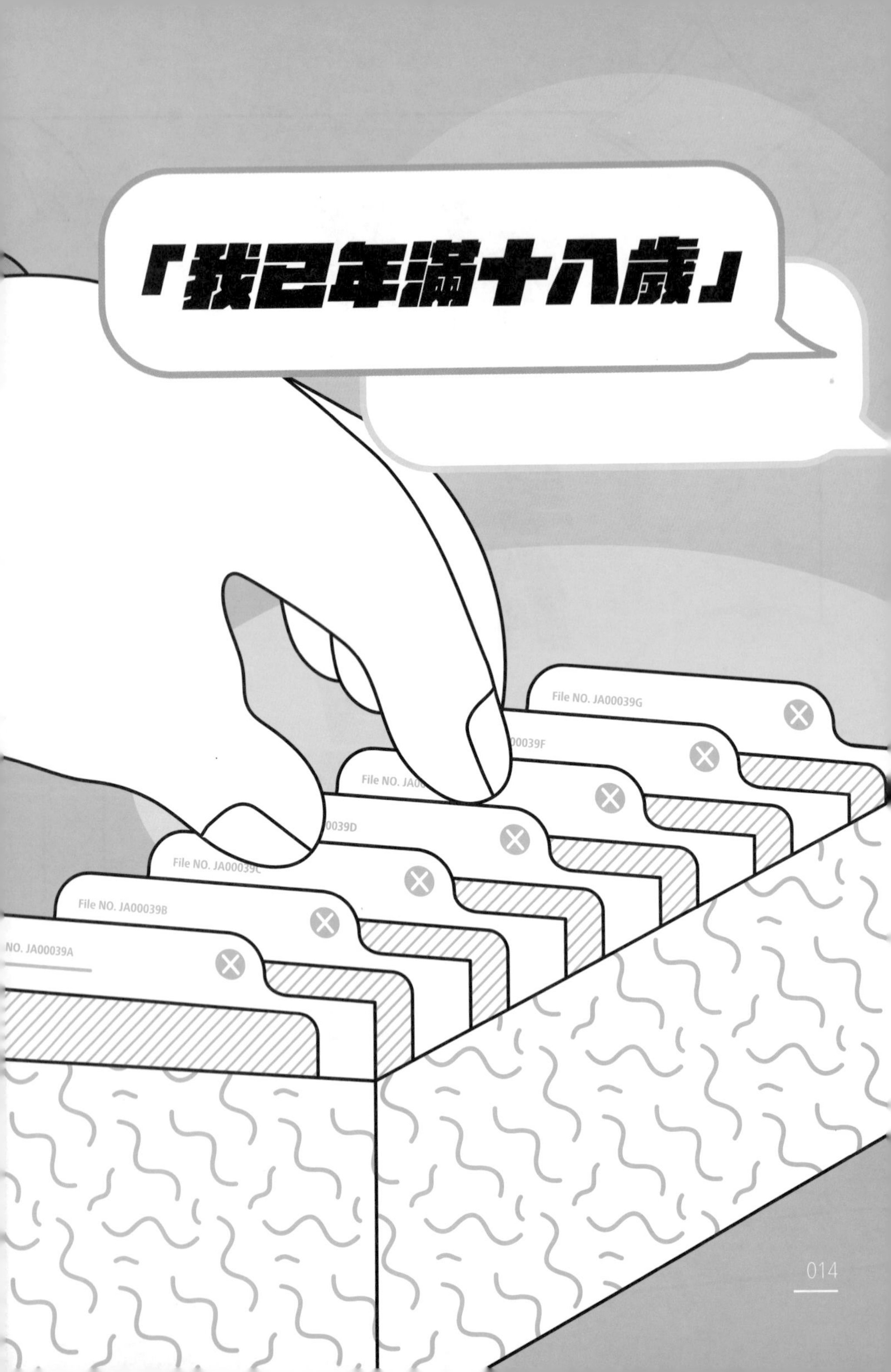
「我已年滿十八歲」
File NO. JA00039G
00039F
File NO. JA0
0039D
File NO. JA00039C
File NO. JA00039B
NO. JA00039A

發生什麼事??

每個人應該都有這樣的經驗——瀏覽某些特別的網站，在點進去的時候，出現一個問題：

你是否年滿十八歲？

這時候底下有兩個按鈕：「是」與「不是」。在十八歲以前，幾乎每個人被網站問到這個問題的時候，都會謊報年齡，毫不猶豫地按下了「是」。

滿十八歲以後，再次面對這個問題時，突然發現自己已經反射性地按下「是」，此刻卻不再是個說謊的小孩。這才發現自己長大了。十八歲了，該是個大人了。

但你有想過為什麼會多這一道關卡嗎？

我也是看法白才知道

根據《兒童及少年福利與權益保障法》規定，為了防止兒童及少年接觸到有害身心發展的網際網路內容，由ＮＣＣ召集各個主管機關委託民間團體成立內容防護機構，並辦理網路內容分級制度。

除了分級制度，如果內容涉及「猥褻」，法律也要求要做出「適當阻隔」，因此在進入網站前多加入一道關卡，另一個目的也是為了阻隔。

什麼是猥褻？

我們回到刑法的規定。散布、播送或販賣猥褻的文字、圖畫、聲音或其他物品，或是公然陳列、用其他方法讓人看到聽到，是刑法第235條的散播猥褻物品罪。

我們先來談談什麼是猥褻？

在最早的時候，根據最高法院的見解，「猥褻」的意思就是「姦淫」以外，一切能讓人興奮或滿足性慾的色情行為。具體來說，「猥褻行為」客觀上要能挑起別人的性慾，並在主觀上滿足自己的性慾。

但有人批評，最高法院這樣的解釋，有說跟沒說一樣。

一九九三年，有個人覺得國內缺乏正確性教育的書籍，因此購買了兩本英文書*Making Love*及*Sensual Massage*的中文版權，翻譯成中文版準備出版。沒想到被當時台北市政府新聞處認為內容構成《出版法》的「煽動妨害風化」而扣押，當事人不服，提出行政救濟失敗，最後聲請大法官解釋。

一九九六年，大法官做出釋字第407號解釋，其中進一步定義了「猥褻出版品」。大法官說，所謂的猥褻出版品，指的是一切客觀上，足以刺激或滿足性慾，並引起普通一般人羞恥或厭惡感而侵害性的道德感情，有礙於社會風化的出版品。

大法官進一步指出，猥褻出版品和具有「藝術性、醫學性、教育性」的出版品不同，其中的區別方法，要從出版品的整體特性和目的觀察，並從當時的社會觀念判斷。但所謂的風化，會隨著社會發展和風俗而不同，概念上不能一成不變。

大法官這樣的解釋方法，把「猥褻」兩個字定性成一個不確定的概念。反過來說，仍然沒有回應「猥褻」兩個字過於抽象不明的批評。

又過了十年，發生「晶晶書庫」案，當事人於是認為刑法第235條「散播猥褻物品罪」違憲，因而聲請大法官解釋。

大法官後來做出釋字第617號解釋，刑法第235條並沒有違憲。大法官覺得，「猥褻」在客觀上能「刺激或滿足性慾」，要和「性器官、性行為及性文化的描繪與論述」有關，而且要讓一般人感到羞恥或厭惡，並且有礙社會風化。

大法官並進一步闡釋什麼是「猥褻」物品進入刑法第235條的分界。

如果是「含有暴力、性虐待或人獸性交等而無藝術性、醫學性或教育性價值」的「硬蕊」（Hardcore）猥褻內容，無論如何都不能傳布，否則一律構成犯罪。

相對地，其他類型的猥褻物品，也就是所謂的「軟蕊」（Softcore）內容，只要採取「安全隔絕措施」傳布，就不會構成散播猥褻物品罪。反過來說，如果沒有加上安全隔絕措施，仍會成立犯罪。

但是這樣的見解真的妥當嗎？真的有回應「猥褻」兩個字不夠明確的問題嗎？再進一步思考，為什麼我們要用刑法處罰「猥褻」這件事？

許玉秀大法官就在這號解釋中提出不同意見書，嚴厲批判大法官的多數意見，她指出，散播猥褻物品罪要保護的不過是一個過時而且意義不明的「性道德感情」。大法官多數意見建構了一個「多數社會性道德感情」的想像，並壓迫少數性道德感情。這種社會少數必須為了多數而讓步的見解，並沒有意識到真正的問題所在——我們應該注意的是「性自主意識」的存在，而非多數／少數的問題，更不是男性或女性的問題。

加上阻隔真的有用嗎？

回到前面提到的「安全隔絕措施」，具體來說像是附加封套、警告標示或限制在法令特定的場所，就沒有問題。

那麼，網路上的猥褻物品呢？

有個網站叫做「PLAYNO.1」，網站負責人被起訴散播猥褻物品罪。被告主張，網站入口都有警語，確保年滿十八歲的網友才能進入。

但是大家都知道，「我已滿十八歲」是每個人成年以前最常撒的謊，法官也年輕過，當然也知道未滿十八歲的人如果點進這個網站，不可能乖乖地按下「我未滿十八歲」而被網站「請」出去。

然而，法官進一步強調，網際網路的精神起源於自由、分享的觀念，使用者可以透過網路自由地分享自己或他人的創作。而且網際網路使用者之間的互動因為具備了匿名性質，更展現了網路自由的精神，所以任何網際網路的使用者，如果沒有打算要公開自己的個人資訊，除非依據法定程序進行通訊監察／搜索，或駭客非法入侵，否則沒有一個人可以知道匿名網路使用者的資訊。

「PLAYNO.1」的站長只是一個架設網站營利的普通人，不像公務機關一樣有查驗會員身分的權限，根本上來說很難禁絕網路的匿名使用者在加入會員的時候填寫虛偽資料，此外被告在網站入口設定警語等等隔絕措施，已經做到了相當程度的隔離措施，因此不成立散播猥褻物品罪。

我也是看法白才想到

親吻也是猥褻！？

除了散播猥褻物品罪之外，刑法的妨害風化罪還有另一個「公然猥褻罪」，指的是意圖讓人觀覽，而公然做出猥褻的行為。

台灣高等法院曾經在二〇一三年的一場座談會中，討論一個有趣的問題。

座談會假設一個案例：「某個十九歲的男生和十五歲的小女生交往，但這個大學生與國中生的戀情被女方家長反對，為了證明他們堅貞的愛情，於是他們某天在百貨公司前，光天化日之下接吻。」

這個接吻，算不算是公然猥褻呢？有兩個不同的見解在拉扯。

第一個見解認為，公然猥褻罪存在的目的，是為了保護社會的善良風俗。所以公然猥褻罪，應該包括一切違反性行為隱密原則，和一切足以挑逗他人性慾或滿足自己性慾，或使一般人產生羞恥感／厭惡感的有傷風化行為。即使當事人接吻的時候不是為了滿足自己的性慾，但客觀上已經足以滿足他人的性慾，所以成立公然猥褻罪。

第二個見解認為，在定義什麼是猥褻的時候，應該要隨著社會發展與時俱進。隨著社會的進步，大家能接受的尺度也會變寬，「男女授受不親」這種過時的概念早就不存在了。也因此當事人在大庭廣眾下擁吻，只是要證明自己「堅貞的愛情」，除了閃瞎路人之外，根本不會引起他人的性慾，更不符合「猥褻」的概念，當然不會有公然猥褻的問題。

但是不代表你可以隨便跑到街上找陌生人接吻。違反他人意願親人，已經是另一個層次的問題，屬於侵害別人性自主決定權和身體控制權的「強制猥褻罪」。

參考法條

《中華民國刑法》第234條第1項

意圖供人觀覽，公然為猥褻之行為者，處一年以下有期徒刑、拘役或九千元以下罰金。

《中華民國刑法》第235條第1項

散布、播送或販賣猥褻之文字、圖畫、聲音、影像或其他物品，或公然陳列，或以他法供人觀覽、聽聞者，處二年以下有期徒刑、拘役或科或併科九萬元以下罰金。

《中華民國刑法》第235條第2項

意圖散布、播送、販賣而製造、持有前項文字、圖畫、聲音、影像及其附著物或其他物品者，亦同。

Laws and Acts

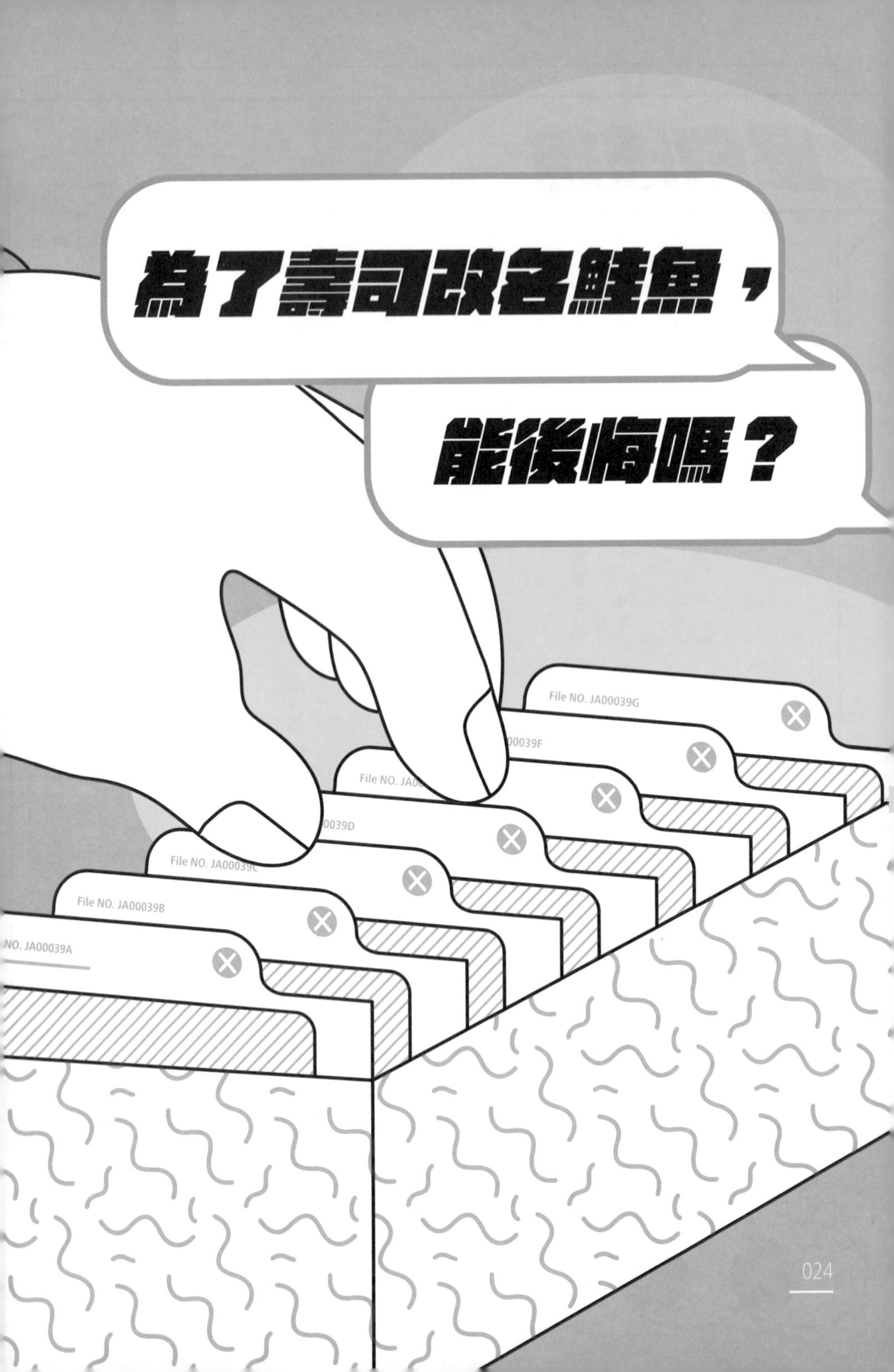
為了壽司改名鮭魚，
能後悔嗎？
File NO. JA00039G
00039F
File NO. JA0
0039D
File NO. JA00039C
File NO. JA00039B
NO. JA00039A

發生什麼事??

二〇二一年三月，某個知名的迴轉壽司店宣布，名字有「ㄍㄨㄟ」、「ㄧㄩ」同音字的顧客，用餐的時候將有驚人的優惠；如果名字剛好有「鮭魚」兩個字，則全桌免費。

然而，現實上幾乎沒有人名叫鮭魚，活動因此挨批沒誠意。不過，也有人為了免費壽司，真的跑去改名「鮭魚」。

一時免費一時爽，為了當免費仔改名鮭魚，如果以後為了國家想改名叫國魚，或是後悔了，能再改嗎？

姓名條例

先說結論：**可以**。

根據《姓名條例》規定，原則上一個人只能在符合下列六種情形下改名：

1. 在同一個公營民營事業機構、機關、團體或學校服務（或就讀中），遇到一個姓名完全一樣的人。
2. 與三親等以內的直系血親尊親屬名字完全相同。
3. 遇到一個和你在同一個縣市裡設籍六個月以上，而且姓名完全相同的人。
4. 與一個被通緝有案的犯人姓名完全相同。
5. 被認領、撤銷認領、被收養、撤銷收養或終止收養。
6. 字義粗俗不雅，音譯過長或有特殊原因。

法律規定看似要具備一定條件，但其實第六種的「特殊原因」，代表著只要你想改，就讓你改。但這也有限制，法律同時規定，一個人一輩子只有三次機會用第六種原因作為申請改名的理由。而以此申請改名的未成年人，必須等到成年之後才能改第二次名。

也就是說，跟著改名叫「鮭魚」的人，基本上都是用「特殊原因」去申請改名的。而以此作為理由，就代表用掉了其中一次的改名機會。假設他們再改回來，就會用掉第二次改名機會。

如果他們曾經改了兩次名，或是改了一次名又改回來（這也算是兩次），那他們只能帶著鮭魚兩個字度過餘生。

其實在以前，《姓名條例》規定一個人只能改兩次名，直到二〇一五年修法增加到三次至今。講到改名，就不能不提到也是法律系畢業的「黃宏成台灣阿成世界偉人台灣總統」，他第二次改名的時候改成「黃宏成台灣阿成世界偉人」，二〇一五年修法後他馬上把第三次機會用掉，改成「黃宏成台灣阿成世界偉人財神總統」，在二〇二〇年

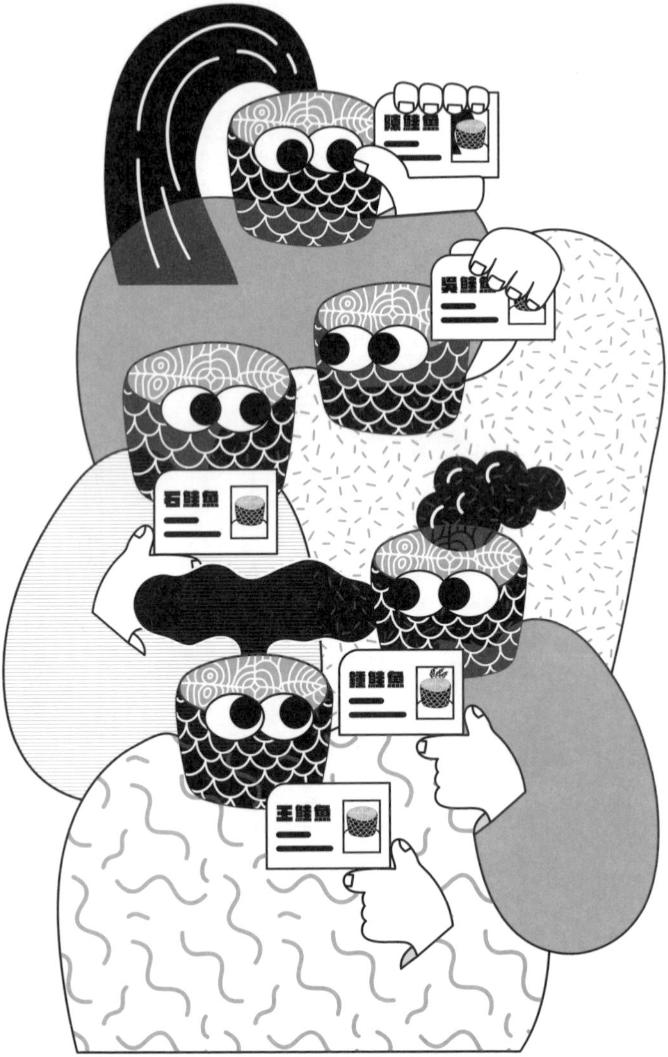

以前，他都是姓名最長的台灣人。

次數以外，《姓名條例》還有什麼其他規定？

「姓名」之所以重要，是因為一個人生存在社會上，可能擁有許多不同的稱呼和別名，包括常見的疊字乳名、藝人的藝名，或是同學取的綽號。但在社會中，「姓名」通常是一種代表身分的符號、探索血脈和根源的憑據，以及確認是誰應該享有權利、負擔義務的依據。

如果允許一個人在法律規範下可以有複數的姓名，就會像是手機聯絡人裡的寶寶可以指涉很多個寶寶、刺青在身上的 Joshua 可以指涉很多個 Joshua 一樣，讓人搞不清楚誰是誰。所以《姓名條例》中所規範的姓名，就只專指戶籍登記時的「本名」，並且規定每個人都只能有一個本名。

沒有名字的人

如果原住民原先是用漢人姓名登記，但之後希望回復自己的傳統姓名時，便可以申請登記其傳統姓名。若在以傳統姓名登記之後又想要回復為原本的漢人姓名時，也可以再申請回復，但兩種狀況都各以一次為限。

一開始其實不是這樣規定的。中華民國政府統治台灣以後，頒布《臺灣省人民回復原有姓名辦法》。然而原住民族並沒有辦法恢復所謂的「姓名」，政府也沒有考慮這麼多，直接要求原住民取「漢名」，造成同一個家族出現好幾個姓氏，或是被戶政人員取了不雅的名字。

直到一九八四年，原權會展開「還我姓氏」運動，主張恢復傳統姓名。一九九四年，《姓名條例》第1條修正，加入這樣的規定：

臺灣原住民族之姓名登記，依其文化慣俗為之；其已依漢人姓氏登記者，得申請回復其傳統姓名，主管機關應予核准。

二〇〇〇年，《姓名條例》再次針對原住民姓名的部分修正，規定傳統姓名得以羅馬拼音並列登記。

但是，現行法律仍然規定，原住民若使用「傳統姓名」，必須與中文音譯或他的漢名並列，羅馬拼音不能單獨存在。這樣的規定是否妥當，非常值得商榷。在二〇一九年《國家語言發展法》將原住民族語言列為「國家語言」，並明確規定「國家語言一律平等，國民使用國家語言應不受歧視或限制」時，姓名規範仍將羅馬拼音「附屬」於中文，是真的語言平等嗎？

外國人

如果是「歸化」的外國人，根據《姓名條例》規定，與台灣人結婚或申請歸化的外國人，在辦理戶籍登記或申請歸化時必須確定姓氏，並取得中文姓名。取得方式必須符合國內的使用習慣。

但他們也可以選擇將原本的外文姓名（或羅馬拼音）與中文姓名並列登記，像是籃球員 Quincy Spencer Davis III 歸化以後，身分證上面的名字就是「戴維斯」。

如果原本外文姓名就是漢字，而且使用的字在我國通用的字典和國語辭典中也有這幾個漢字時，便可以使用原本的漢字登記。像是日本人如果要歸化台灣，而他原本的名字剛好都是中文使用的漢字，這時候身分證上就可以直接用原本的漢字姓名登記。

如果我想改姓呢？

在《姓名條例》的規範之下，與改名相比，改姓則是一件困難的事，需要符合法律規定的一些情況，才能去更改自己的姓氏。

法律目前規定，在被認領、撤銷認領；被收養、撤銷收養或終止收養時，或是其他法律規定的情況下得以申請改姓；如果是原住民或少數民族在改漢姓時家族姓氏被誤植，也可以改姓；或是如果你的姓氏音譯過長，也是可以改姓的情況。

至於過去常聽到的冠夫姓，目前《姓名條例》的規定則是，允許夫妻的任一方都可申請冠配偶的姓氏，或是原先有冠配偶姓氏的人可以申請回復本來的姓氏，但在一段婚姻關係之中，只能夠申請一次回復本姓。簡單來說，改姓的情況比改名嚴格許多，也不容許民眾以粗俗不雅等主觀認定作為修改理由。

另外還有幾種情況，因為譯音、工作或是宗教信仰的緣故，可以更改姓名，例如你的名字的譯音太長或是有錯誤、因為宗教信仰出家，或是從事需要更改姓名的特殊公務工作時，就可以連名帶姓一起變更。

至於除了前面提到的各種規定，其他不能更改姓氏、名字或是姓名的情形，則是國家為了確保改名換姓不會成為人民逃脫刑罰或是刑事責任的方式而禁止，包括被通緝或羈押時、被判強制工作而且判決確定，以及不屬於過失犯罪，而又受到有期徒刑以上判決確定，且沒有被宣告緩刑或是被准予易科罰金或易服勞動的機會時，都不得申請改姓、改名或更改姓名。

參考法條

Laws and Acts

《姓名條例》第9條

有下列情事之一者，得申請改名：

一、同時在一公民營事業機構、機關（構）、團體或學校服務或肄業，姓名完全相同。

二、與三親等以內直系尊親屬名字完全相同。

三、同時在一直轄市、縣（市）設立户籍六個月以上，姓名完全相同。

四、與經通緝有案之人犯姓名完全相同。

五、被認領、撤銷認領、被收養、撤銷收養或終止收養。

六、字義粗俗不雅、音譯過長或有特殊原因。

依前項第六款申請改名，以三次為限。但未成年人第二次改名，應於成年後始得為之。

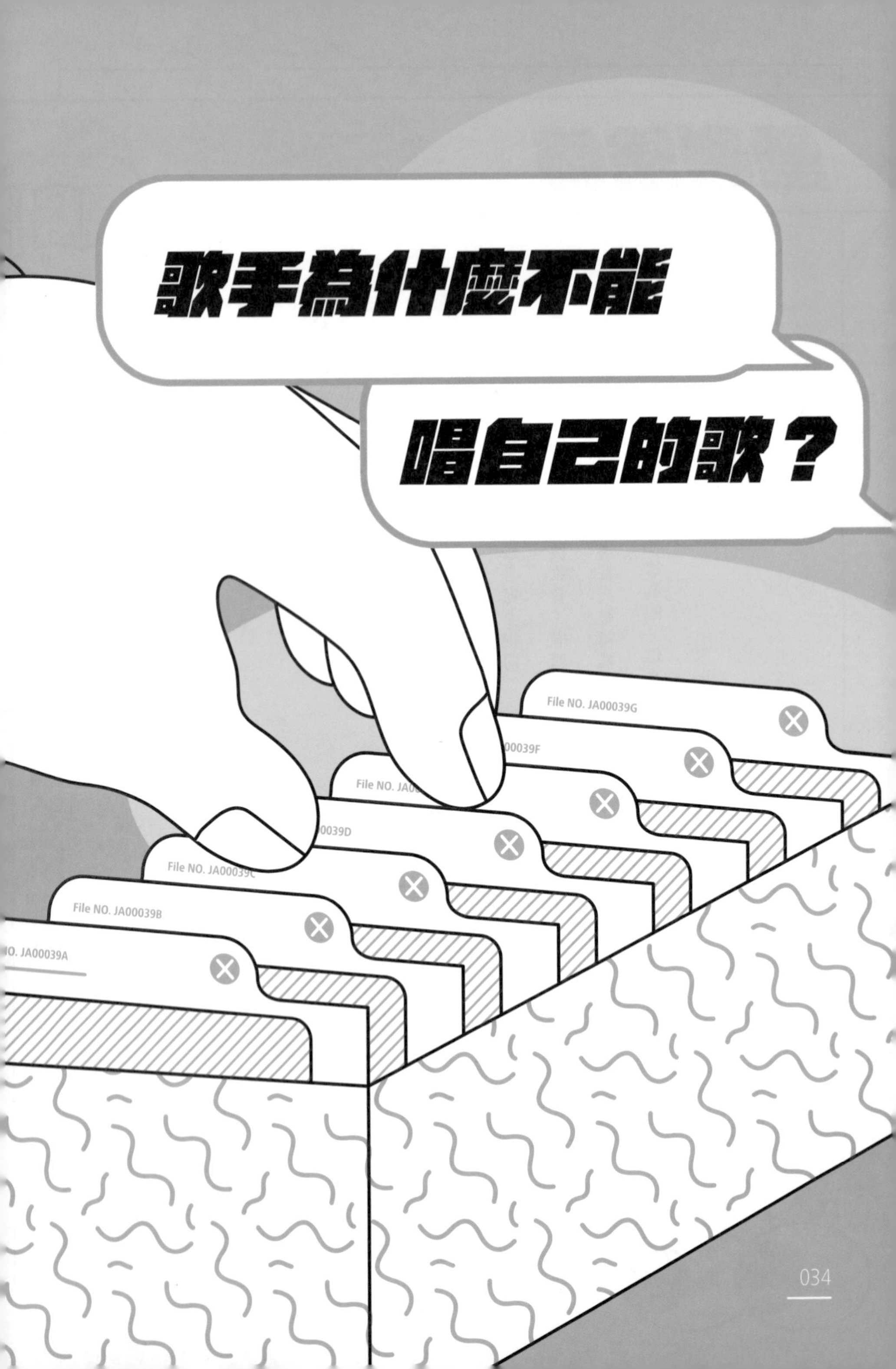
歌手為什麼不能
唱自己的歌？
File NO. JA00039G
File NO. JA00039B

發生什麼事??

藝人吳青峰因為「唱了自己的歌」，被前經紀人林暐哲主張違反《著作權法》，求償八百萬元，智慧財產及商業法院二〇二一年二審判決林暐哲敗訴。

青峰在二〇一九年間公開表演、發行〈太空人〉、〈歌頌者〉、〈巴別塔慶典〉等十四首歌，這些歌曲大多數雖然是青峰作曲，但林暐哲主張，他才是這些音樂作品的「專屬授權人」。林暐哲認為，青峰公開演唱，或是在各大音樂平台上發行這些歌曲，已經侵害了林暐哲的權利，因此請求法院判決青峰賠償、並登報公開道歉。

看到這裡，有沒有發現一個問題：歌手唱「自己」的歌，卻侵害了「別人」的著作權？

根據《著作權法》規定，著作權分成「著作人格權」和「著作財產權」兩種，而青峰這個案子的關鍵就在著作財產權。著作財產權原則上屬於創作者所有，但它其實是可以讓出去給別人的，一旦讓出去，就算是創作者，也不能再使用自己的作品。

如果你不想讓出去，也可以用授權的方式處理。授權又可以分成「專屬授權」和「非專屬授權」。若是專屬授權，創作者在授權的期間，即使擁有著作財產權，仍不能使用自己的著作；反之若是非專屬授權，還是可以使用自己的著作。

根據智財法院的二審判決，林暐哲、吳青峰在二〇〇八年簽訂「詞曲版權授權合約」，二〇一四年一月簽了「唱片合約」、「經紀合約」三個合約。

綁住創作者的魔王條款

而在音樂產業的事務運作上，唱片公司或比較大廠牌的藝人經紀、版權製作，會分別屬於兩家不同的公司。像是安排藝人演藝工作，諸如上節目、演出、拍攝寫真、新聞訪問，就會使用「演藝經紀合約」（又稱作「全經紀」）來約定雙方的關係。

製作、發行唱片的過程中，因為需要為藝人的人物設定做市場調查、把關作品品質、安排詞曲收歌等等工作，這時候會簽訂專案性質的「唱片製作合約」；如果藝人本身會創作，則需要將其創作的詞、曲授權給唱片公司版權部門管理，這就輪到「音樂著作專屬授權合約」登場。

經紀公司為了方便管理藝人的作品，所以在「全經紀合約」的內容中，經常可以看見公司約定「合約期間所產出的智慧財產權全部都歸公司，或由公司指定著作財產權人」。在這樣的條款下，即使藝人與經紀公司解約，公司依然可以用「精選輯」、「換封面」等等方式繼續發行藝人原先的作品。

而在「音樂著作專屬授權合約」（也就是所謂的詞曲合約）中，過去經常是完成一首歌後，由公司一口價買斷。後來創作人逐漸重視自己的著作權，權利意識抬頭後，轉型成創作人把著作權留在自己的手上，但授權出去給其他人管理、使用。

唱片公司也不會就這樣乖乖聽話，後來也發展出所謂的「賣身條款」，藉由「專屬授權」的方式，讓著作權人把詞曲等等的所有權利，統包給公司。回到前面說的，基於《著作權法》的規定，一旦簽了專屬授權，在授權範圍內，公司可以自由地運用著作，創作者卻不能做任何事情。

這次提到的「歌手不能唱自己的歌」，也是在這種情況下出現的。如果當初沒有講好解約的條件，那麼創作者就會被專屬授權綁住，即使公司冷凍你，你也不能表演。

和公司分手的代價

一直以來，法院都會把演藝經紀解釋成《民法》上的「委任」。在委任的概念下，藝人與公司的關係，就會是藝人把自己的生涯事業交給經紀公司處理，並由經紀人安排工作。

所謂的「解約」，其實就是終止一份繼續進行的合約。如果雙方都沒問題那還好談，基本上就是向後失效，大家好聚好散，沒有誰要賠誰的問題。但如果提出解約的那一方不利於對方，那麼他在此時就要面臨損害賠償和違約金的責任。

損害賠償的責任，又可以分成「所受損害」和「所失利益」兩種。所受損害簡單來說就是唱片公司投注在藝人身上的資源，像是為藝人量身打造的服裝、培訓費用等等；所失利益最直接的像是幫藝人簽了某個廣告的代言，但在代言費拿到之前藝人就和公司解約，使得公司拿不到代言的利益。

近期的案例，像是張韶涵當年與前東家分手，使得製作到一半的專輯必須終止。公司認為張韶涵解約使得公司在這張未完成專輯上的投資付諸流水，因此提起訴訟要張韶涵賠償相關的製作成本和企劃費用。一審和二審法院認為，雖然唱片公司花了不少錢在詞曲製作上，但這些東西就算 A 藝人不用，也可以拿去給 B 藝人用，嚴格來說唱片公司並沒有損失；但後來最高法院卻採相反意見，認為每首歌其實都是根據藝人的人物設定（越紅的藝人，更是如此）、音域而量身打造，不可能因為 A 藝人不用，同樣的東西就可以直接拿給 B 藝人用，張韶涵仍須賠償。

違約金

另一個比較常見的是「違約金」的問題。對藝人來說，可能會和公司約定必須維持自己良好的公眾人物形象，或是遵從公司的演藝事業安排等等情形，如果違反了這些約定，就會被解約，這時候就會產生違約金的問題。

所謂的「違約金」指的是大家事先講好的事情，如果沒有做到，就要賠錢。至於「怎麼賠」和「賠什麼」，就看契約的當事人如何約定，有常見動輒幾百萬的「懲罰性違約金」，或是簡略損害賠償舉證的「損害賠償總額預定性違約金」。

不過，到底要賠多少違約金，並不會是當初合約說的算。法院在審理的時候，仍會衡量各種情況，如果覺得違約金過高，就會在判決裡打折。像是花了二十萬製作的唱片，卻要求一千萬的違約金，這就顯然是個不合理的情形。

逃出詞曲專屬授權合約的枷鎖

專屬授權和經紀、製作合約不太一樣的是，並不能隨意撤回授權，法院認為，如果授權出去以後動不動就撤回，反而會造成不安定。所以除非有一方違約，否則要解約必須經過對方的同意才不會產生爭議。

青峰也在這個案子裡提出了對話紀錄以及相關會議，作為證明林暐哲同意終止這個合約的證據。

法院怎麼判的

回到這個案子，法院認為，雙方在二〇一八年簽了「合約終止同意書」，使得先前的「唱片合約」、「經紀合約」在二〇一八年十二月三十一日終止。

另外詞曲合約有約定雙方在合約期滿前三個月如果沒有提出解約，那麼合約會自動延長。然而雙方在二〇一八年十二月三十一日發表共同聲明提到：

一年前因暐哲還有很多人鼓勵，青峰決定自己出來唱歌，嘗試自己當製作人，一年後隨著合約到期，青峰思考許久，所以青峰覺得該對自己生命負責，暐哲亦支持這勇敢決定，接下來青峰會自己處理自己的工作事務，將全心投入兒童音樂。

法院認為這代表著雙方已經同意由青峰自己獨立行使著作財產權，並且在發表共同聲明的這天同意終止詞曲合約。法院從青峰和林暐哲的LINE對話紀錄、前面提到的「合約終止同意書」綜合判斷，認為雙方同意終止的範圍，也應該包括詞曲合約。因此，詞曲合約專屬授權給林暐哲的內容，在二〇一八年十二月三十一日終止後，全部回歸青峰所有。

綜合這些理由，法院認為，青峰在演出、公開發行這些歌曲都在雙方終止合約之後，意思是青峰其實是行使自己的著作財產權，並沒有違反合約、也沒有侵害林暐哲的權利，因此判決林暐哲敗訴。

參考法條

《著作權法》第37條第1項

著作財產權人得授權他人利用著作，其授權利用之地域、時間、內容、利用方法或其他事項，依當事人之約定；其約定不明之部分，推定為未授權。

《著作權法》第37條第3項

非專屬授權之被授權人非經著作財產權人同意，不得將其被授與之權利再授權第三人利用。

《著作權法》第37條第4項

專屬授權之被授權人在被授權範圍內，得以著作財產權人之地位行使權利，並得以自己名義為訴訟上之行為。著作財產權人在專屬授權範圍內，不得行使權利。

Laws and Acts

你真的懂
中華民國嗎？
File NO. JA00039G
00039F
File NO. JA0
0039D
File NO. JA00039C
File NO. JA00039B
e NO. JA00039A

發生什麼事??

「中華民國是我們的國家」、「台灣是我們的國家」，許多人可以對這些話朗朗上口。每到「光輝的十月」，橋上插滿國旗，你心中的愛國情操也隨之被揚起，對於國家，你只有滿滿的愛與包容。

中華民國從一九一一年成立至今，有超過一百一十年的歷史，其實多的是你不知道的事。沒關係，在你的理智被滿坑滿谷的青天白日滿地紅淹沒之前，讓我們將你從熱烈的愛國心中拉上岸，幫你儲值一些中華民國價值。

另外提醒，這篇非常適合在每年光輝的十月閱讀。

南京中山陵

《總統府組織法》第17條：中央研究院、國史館、國父陵園管理委員會隸屬於總統府，其組織均另以法律定之。

根據《總統府組織法》規定，除了中研院、國史館，還有一個單位是「國父陵園管理委員會」。這個「國父陵園管理委員會」並不是台北市忠孝東路上的「國父紀念館」，而是要負責管理在「南京」的「中山陵」。

當然，「國父陵園管理委員會」也有自己的《國父陵園管理委員會組織條例》。根據條例規定，這個管委會由「國民政府」指派二十幾名委員組成。除了南京中山陵之外，「北平碧雲寺」的國父衣冠塚，也會委任一名管理員及兩名助理。

二〇二〇年，立法委員賴品妤及蔡適應提案修正《總統府組織法》並廢除《國父陵園管理委員會組織條例》，國民黨批評此舉是「吃果子不拜樹頭」。

這也不是第一次有立法委員想要廢除，第九屆立法委員的時候，林俊憲、段宜康也曾經提案廢除《國父陵園管理委員會組織條例》，但提案後來被國民黨團阻擋，並退回程序委員會。

西藏、蒙古、青海也是我大中華民國神聖不可分割的一部分

《監督寺廟條例》第12條：本條例於西藏、西康、蒙古、青海之寺廟不適用之。

一九二九年施行的《監督寺廟條例》是政府用來管理寺廟的法律依據，然而，這部法律自施行至今從未修正過，因此還留著許多「訓政時期」的痕跡。其中第12條規定，在「西藏、西康、蒙古、青海」的寺廟不適用《監督寺廟條例》。這裡的「蒙古」，指的是「蒙古地方」，也就是現在被「蒙古國」竊據的「我國領土」。

撇除西藏、蒙古這些只會出現在夢裡的領土，《監督寺廟條例》的其他規定也很有問題，例如整部法律只管得到佛教和道教的寺廟，其他宗教都管不到；另外第11條甚至規定，政府可以將違反條例的住持逐出寺廟。

二〇〇四年，大法官做出釋字第573號解釋，認為《監督寺廟條例》許多法條違憲。當時內政部決定制定「宗教基本法」作為替代方案，然而時至今日，「宗教基本法」依然只聞樓梯響，被宣告違憲的條文也依然存在《監督寺廟條例》這部殘破不堪的法律中。

監察院管很寬

《監察院監察委員行署組織條例》第2條第1項：監察院劃全國為十七監察區，

設監察委員行署，其區劃如左：一、甘寧青區。二、豫魯區。三、晉陝綏區。四、雲貴區。五、兩廣區。六、兩湖區。七、皖贛區。八、閩臺區。九、蘇浙區。十、冀熱察區。十一、川康區。十二、新疆區。十三、遼寧安東遼北區。十四、吉林松江合江區。十五、嫩江龍江興安區。十六、西藏區。十七、蒙古區。

一九四九年施行的《監察院監察委員行署組織條例》規定，監察院將「全國」劃分為十七個監察區，並設置監察委員行署。當然，這個監察區是依照三十五省二地方的架構劃分的，才不是什麼二十二縣市。

但條例通過後沒幾個月，中華民國政府就搞丟了絕大部分的領土，也沒有在台灣重新設立新的行署。換句話說，這部七十多年前的法律，只有幾個月發揮效用。

蒙藏的陰魂不散

《蒙藏邊區人員任用條例》第 1 條：

I. 蒙藏邊區人員得依本條例之規定，任用為簡任、薦任、委任職公務員。

II. 前項任用人員，應以蒙藏邊區土著人民，通曉國文、國語者儘先任用。

你知道什麼是「扎薩克」嗎？

為了照顧蒙古地方和西藏地方兩個邊區的人民，國民政府在一九三七年制定了《蒙藏邊區人員任用條例》，讓蒙藏邊區「通曉國文、國語的土著人民」擔任公務員。

當然，跟其他法律一樣，即使中華民國再也管不到蒙古、西藏了，《蒙藏邊區人員任用條例》依然存在我們的法律體系中。

國家統一前

《憲法增修條文》前言：為因應國家統一前之需要，依照憲法第二十七條第一項第三款及第一百七十四條第一款之規定，增修本憲法條文如左。

《臺灣地區與大陸地區人民關係條例》第1條：國家統一前，為確保臺灣地區安全與民眾福祉，規範臺灣地區與大陸地區人民之往來，並處理衍生之法律事件，特制定本條例。本條例未規定者，適用其他有關法令之規定。

一九九〇年代民主化以後，大家開始注意到這部一九四六年制定、實施沒幾年就被凍結的憲法，過了幾十年，已經不太適合現狀的問題，因此展開修憲工程。

在政府還沒有打算放棄「三民主義統一中國」的時空下，我們制定出來的《憲法增修條文》提到，憲法修正的目的是「為因應國家統一前之需要」，畢竟這部憲法建構出來的國家目前處於「分裂」狀態，至少我們要面對在「國家統一」之前的狀態。

至於這個分裂的國土，《憲法增修條文》說「自由地區」與「大陸地區」兩個地區人民之間的關係，請立法院另外制定法律。於是，後來有了簡稱「兩岸人民關係條例」的《臺灣地區與大陸地區人民關係條例》，其中第 1 條規定也明確宣示這部法律的目的是「國家統一前」管理「臺灣地區與大陸地區人民往來」衍生法律事件的處理依據。

至於什麼是「大陸地區」？根據兩岸人民關係條例規定，是「臺灣地區以外的中華民國領土」。

大陸地區

最高法院九十年度台上字第 705 號刑事判決：大陸地區現在雖因事實上之障礙為我國主權所不及，但在大陸地區犯罪，仍應受我國法律之處罰，即明示大陸地區猶屬我國領域，並未對其放棄主權。

法院如何裁判呢？

二〇一九年最高法院在一個詐騙案中講明，被告對「大陸地區」的被害人實施詐騙，犯罪地點在「大陸地區」，也就是「我國固有疆域內」，當然適用《中華民國刑法》。

二〇二〇年，福建高等法院金門分院在一個貪污案件中認為，被告在「大陸地區」工廠生產的酒瓶，原產地「不是我國」。

二〇二一年，台中地方法院判決認為，雖然「大陸地區」因為事實上的障礙所以「我國主權」不及，但因為「大陸地區猶屬我國領域」，並未放棄主權，所以在「大陸地區犯罪」當然要受到「我國法律」處罰。

正確的稱呼方式

《中共黨政軍機關企業學術機構團體旗歌及人員職銜統一稱謂實施要點》第1條：行政院大陸委員會為配合動員戡亂時期之終止，在「一個中國」之原則下，為統一公文書對中共黨政軍機關、企業、學術機構、團體、旗歌及人員職銜之稱謂，特訂定本要點。

一九九二年，兩岸交流越來越頻繁，但有些話仍然說不出口。

陸委會發布《中共黨政軍機關企業學術機構團體旗歌及人員職銜統一稱謂實施要點》，作為在「一個中國」之原則下，為「統一公文書對中共黨政軍機關、企業、學術機構、團體、旗歌及人員職銜之稱謂」，讓大家能政治正確地稱呼對岸。

有功於黨國的喇嘛

《管理喇嘛寺廟條例》第4條：喇嘛之道行高深，或有勳勞於黨國者，得由蒙藏委員會分別呈請獎勵之。

一九三五年施行、二〇〇三年廢止的《管理喇嘛寺廟條例》規定，喇嘛轉世必須經過中央政府同意；且道行高深，或有功於黨國的喇嘛，可以由蒙藏委員會獎勵。

反觀中華人民共和國直到二〇〇七年才制定《藏傳佛教活佛轉世管理辦法》，中華民國政府可謂超前部署七十年。

我也是看法白才想到

看到這裡，你開始覺得精神錯亂了嗎？

畢竟我們的國家叫做中華民國，從憲法到法律，從未放棄自己仍是「中國」。二〇一八年與多明尼加斷交時，外交部英文新聞稿其中一段是這麼寫的：

The Republic of China (Taiwan) government is deeply upset by China's actions.

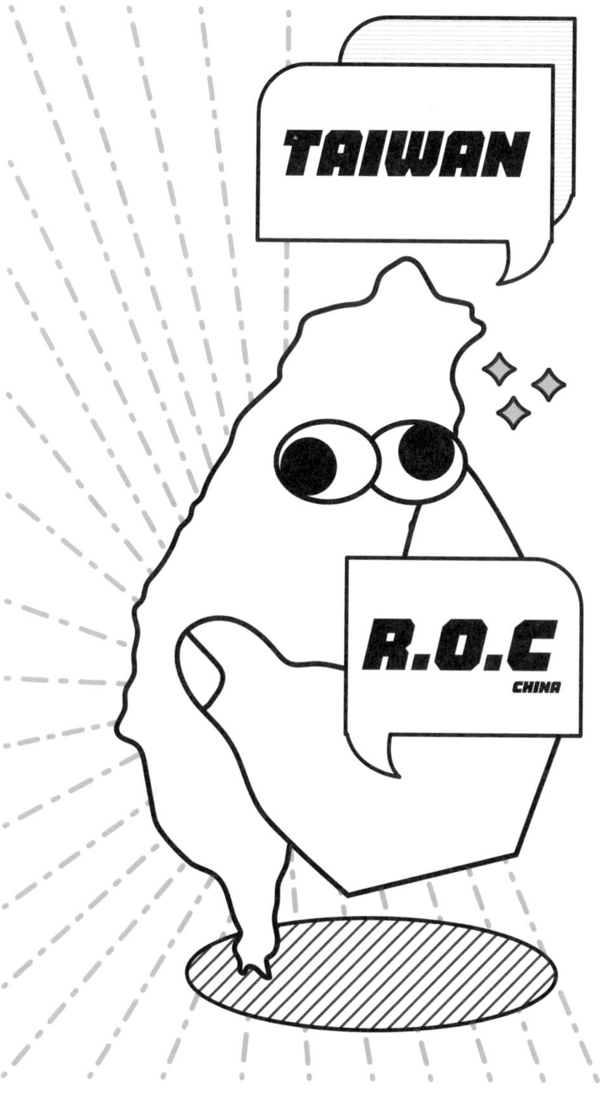

你分得出這兩個「China」的差別嗎？
是不是開始覺得中華民國有點像恐怖情人了呢？

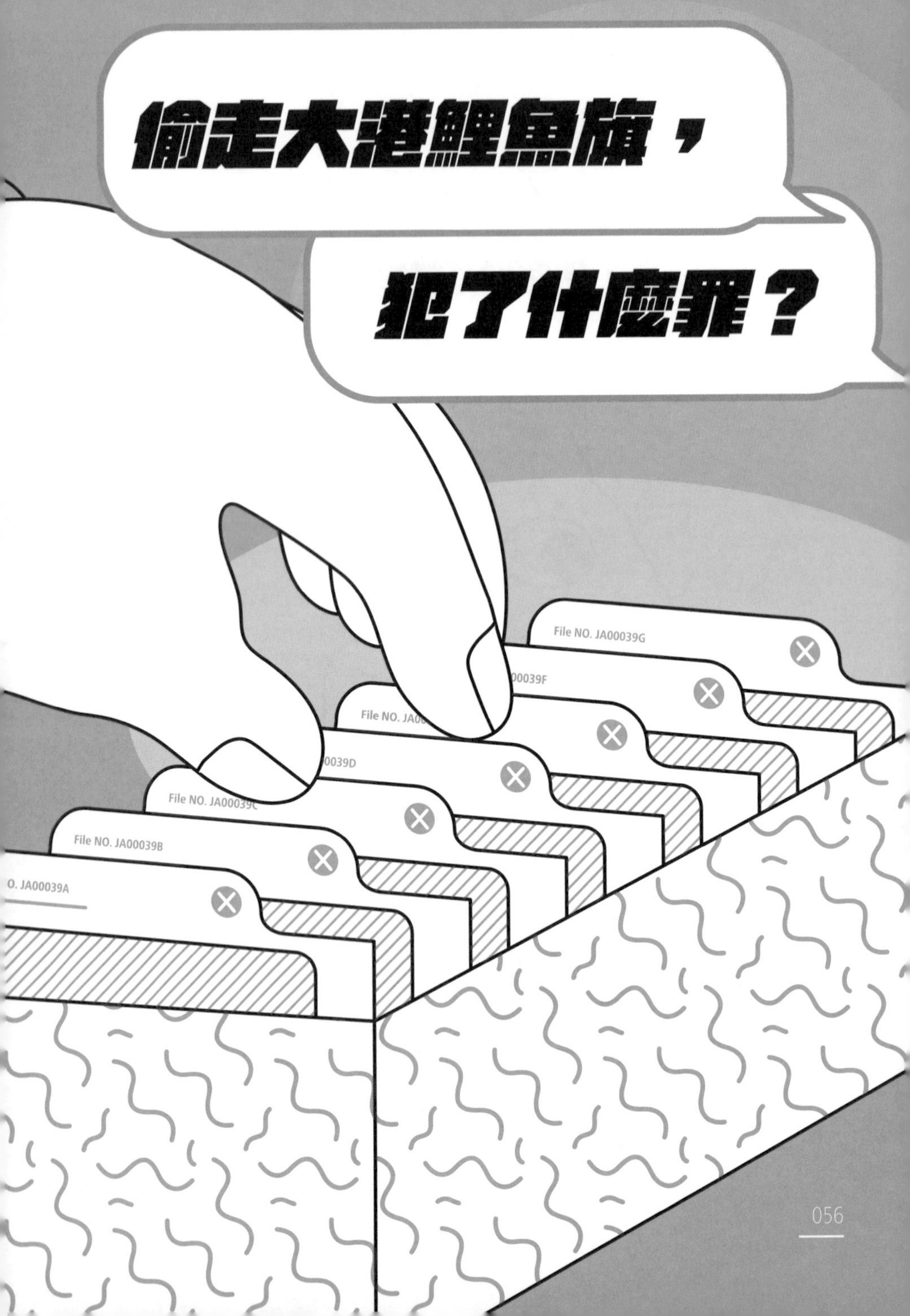
偷走大港鯉魚旗，
犯了什麼罪？
File NO. JA00039G
00039F
File NO. JA0
00039D
File NO. JA00039C
File NO. JA00039B
O. JA00039A

發生什麼事??

每年的三月底，就是「大港開唱」舉行的日子。然而，音樂祭結束的時候，幾乎每年都會發生意猶未盡的觀眾，自立自強拆下路燈旗和主辦單位用來裝飾的鯉魚旗。

即便主辦單位每年都會呼籲大家，請把回憶留在相機裡就好，但拆旗子這件事依然一再發生。我們就來看看，這麼做會付出什麼樣的代價？

不是你的就不是你的

偷東西在刑法上叫做「竊盜罪」。我們把竊盜行為分解，就是客觀上破壞別人對一個物品的持有，並且建立自己對這個物品的持有。主觀上，行為人要有「竊盜」的故意，而且還要有「不法所有意圖」。

「不法所有意圖」意思是指，行為人真的有「想要把這個東西據為己有」的想法。

如果沒有想要據為己有的想法，即使把別人的東西拿走，也不會成立竊盜罪。例如你在路上看到朋友的腳踏車沒上鎖，你騎到附近的便利商店買個東西，再騎回原點。雖然有一段時間腳踏車被你騎走了，但你主觀上並沒有要把這台腳踏車據為己有的意思，只是暫時跟朋友「借」一下（雖然他不知道你跟他借）。這種情形在法律上叫做「使用竊盜」，表面上有「竊盜」的行為，但事實上你只是「拿來用一下」，並不符合竊盜罪的規定，因此並不會成立竊盜罪。

小心你的行為

如果你竊盜的時候，有以下六種情形，屬於「加重竊盜罪」：

1. 侵入別人的住宅（或是現在有人居住的建築物）、船艦，也包括你躲在裡面然後趁沒人發現的時候下手竊盜。
2. 破壞、翻過門窗、牆壁（或其他安全設備，像是保全、門鎖等等）。
3. 攜帶凶器。但「凶器」的定義，根據最高法院的見解，這個東西客觀上有傷害別人的可能，不管行為人主觀上沒有要用來行凶的意思，都算是凶器。像是螺絲起子就被帶入這個公式，所以攜帶螺絲起子竊盜就會被認定為「攜帶凶器竊盜」。

4. 跟三個以上的人結夥一起做。
5. 趁著火災、水災等等災害發生時動手。
6. 在車站、港口、機場或其他水陸空交通工具內竊盜。

之所以會這樣規定，是因為這些情形會讓竊盜更容易得手，所以更要加重處罰。普通竊盜罪的刑度是「五年以下有期徒刑或拘役」，加重竊盜罪加了一個下限，變成「六個月以上五年以下有期徒刑」。此外，根據刑法規定，只有六個月以下有期徒刑才可以易科罰金，而「加重竊盜罪」六個月起跳的刑度，代表著犯了本罪就不能易科罰金。

回到偷旗子的情形，如果你覺得團結力量大找了兩個朋友，三個人一起爬上去偷旗子，就屬於「結夥三人以上」的加重竊盜；又或是你自立自強，帶了一把美工刀割旗子，由於美工刀客觀上可以用來行凶，雖然美工刀只是你偷東西的工具而不是拿來砍人，仍不影響你成立「攜帶凶器」的加重竊盜。

準強盜罪

根據刑法規定，竊盜或搶奪，為了防護贓物、脫免逮捕或湮滅罪證，而當場施以強暴脅迫，則直接當作你是強盜。

不過，一般的強盜罪必須要讓被害人到了無法抗拒你的程度，但「準強盜罪」呢？

曾經有人半夜跑去別人的工寮偷東西被發現，拉扯之際造成對方受傷。法院審判的時候，認為被告犯的不過是加重竊盜罪和傷害罪，但最後卻要上升到「強盜罪」的程度，是「輕罪重罰」，因此聲請大法官解釋。

大法官後來認為「準強盜罪」沒有違憲，不過加上一個條件，就是行為人施加的強暴脅迫，必須要達到讓人「難以抗拒」的程度。如果只是單純的虛張聲勢或是肢體上的拉扯，就不在討論範圍。

如果你偷到旗子以後被工作人員發現，為了不要被他們抓到，你把工作人員打到重傷倒地然後逃走，就符合「準強盜罪」的要件，你的責任會從竊盜罪上升到更重的強盜罪。

不屬於你的東西，就不會是你的。出去玩看到喜歡的東西，記得用眼睛欣賞就好，可不要真的伸手去偷啊！

我也是看法白才想到

分不清楚的竊盜、搶奪、強盜

除了竊盜、強盜之外，刑法還有「搶奪罪」，一般人很容易從字面上的意思誤以為是「強盜罪」，但搶奪罪其實是介於竊盜和強盜之間的罪，處罰趁人不備搶走對方財物的行為。

我們用三個例子來跟大家說明**竊盜**、**搶奪**、**強盜**的差別。

臨時要騎車載朋友的你，發現另一頂安全帽放在家裡。這時候：

你看到隔壁的摩托車坐墊上有一頂安全帽，你掙扎了一下，最後覺得：不過就是安全帽而已，應該沒多少錢吧！於是就順手拿起來給朋友戴，然後騎車揚長而去。

旁邊有個人剛好準備要牽車，你看他安全帽還沒扣起來，手腳俐落的你，趁著他專心在撨安全帽的時候，馬上過去拿走他的安全帽，然後迅速騎車離開現場，留下一個不明不白安全帽被摘走、錯愕的人。

你看到隔壁的摩托車坐墊上有一頂安全帽，想都沒想就直接拿走，這個時候車主剛好回來了，在他要阻止你的時候，你順手用手上的安全帽往他的頭砸下去，讓他沒辦法碰你，然後你跟朋友揚長而去。

路口一名等紅燈的摩托車騎士，你像是打電玩一樣，把那個人抓下來用力推倒在地，趁著他倒在地上昏迷的時候，摘走他的安全帽。

以上四種情形，在刑法上分別屬於：

這種藉由「和平非暴力」的手段，偷偷摸走別人的東西，毫無疑問地屬於刑法上的「竊盜罪」。

你稍微用力一下，趁著別人沒注意（或來不及反應）的時候奪取別人的東西，成立刑法上的「搶奪罪」。

稍微複雜一點，不過你剛剛才看完「準強盜罪」的說明，這時候你應該會想到，這屬於為了保護你的贓物（安全帽）而施暴的情形。

你用了最極端的暴力，對方昏倒在地，顯然是到了無法抗拒的程度，就是最典型的強盜罪。

偷電、偷Wi-Fi算是竊盜嗎？

最近一陣子，常常有「礦場」被抓到偷電的案件。

電可以偷？

可以，根據刑法規定，電能、熱能和其他能量，關於竊盜罪章的規定，以「動產」論。

之所以會額外這樣規定，因為竊盜罪處罰的是竊取「動產」，像電力這種屬於能量、沒有實際形體的東西，其實不算是動產。

如果刑法沒有這樣規定，還可以用竊盜罪來處罰偷電嗎？

答案是**不行**。

刑法又規定了「罪刑法定原則」，只能處罰刑法明文規定的行為，這種「看起來很像」的事情，對刑法來說就是兩回事。

如果刑法沒有這樣規定的話，偷電雖然也是偷，但因為被偷走的電不是動產，不能用刑法來處罰。所以刑法才另外規定，電能、熱能之類的能量，也當作動產來處理。

這樣一來，偷電就可以用竊盜罪來處罰了。

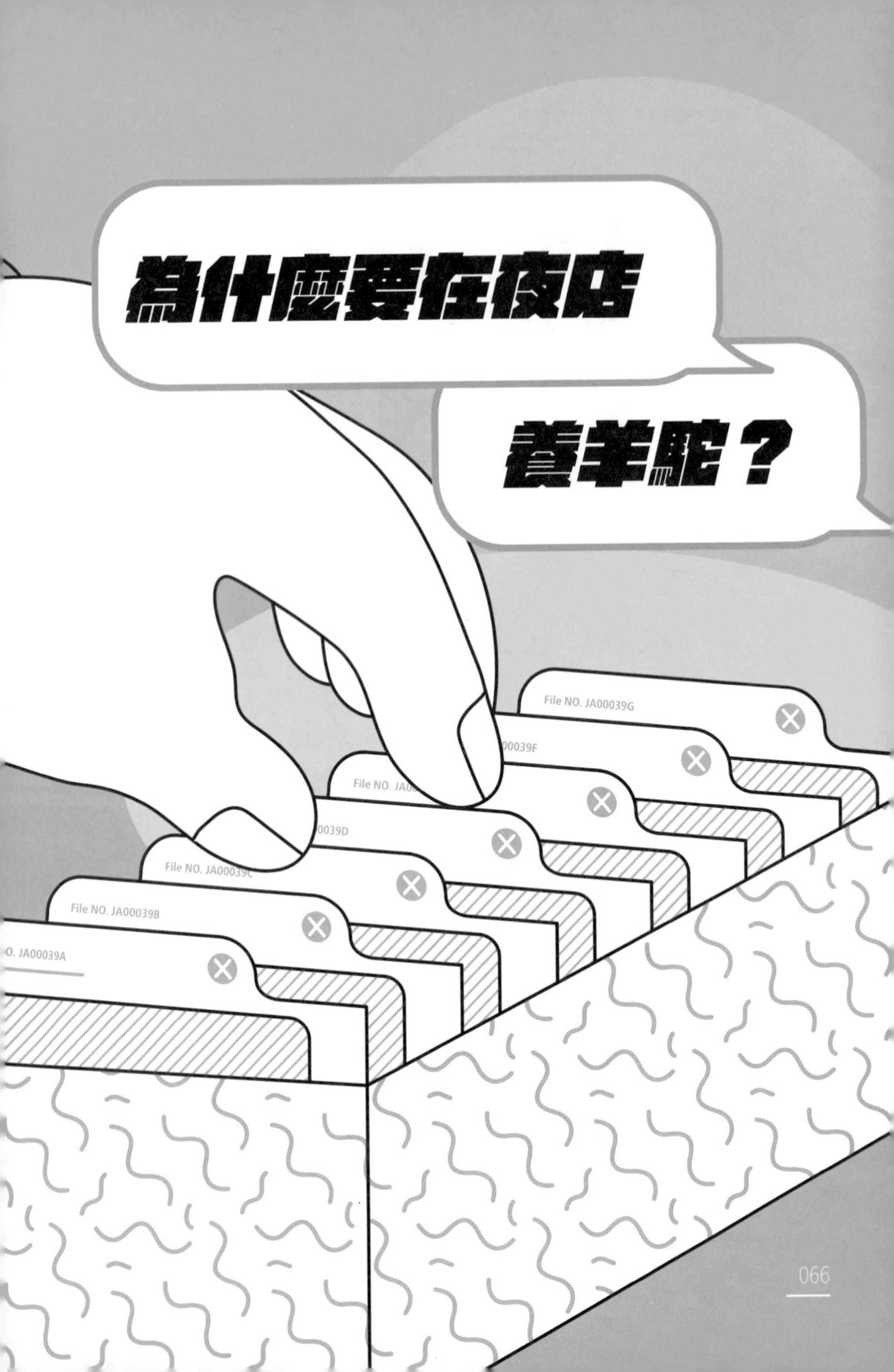
為什麼要在夜店
養羊駝？
File NO. JA00039G
00039F
File NO. JA00
00039D
File NO. JA00039C
File NO. JA00039B
O. JA00039A

發生什麼事??

媒體報導，台中某夜店用「羊駝秀」吸引客人。台中市動保處表示，如果有虐待動物，會依法開罰。台中市動保處也表示，夜店對羊駝來說並不是一個友善的環境，因此把羊駝帶進去也涉嫌虐待動物，依照《動物保護法》的規定可以處新台幣三千至一萬五千元的罰鍰。

根據當時的新聞報導，動保處稽查的時候發現羊駝的飼養環境飲水不潔，也要求飼主限期改善。而依《動物保護法》規定，若動物飼養環境不佳，被政府限期改善後仍未改善，可以處新台幣三千到一萬五千元的罰鍰。

為什麼不能在夜店養羊駝？

二〇一四年，台中天馬牧場的河馬「阿河」從貨車上摔下來，後來又在吊掛的過程中因為吊孔斷裂，再次摔落到地上，幾日後不治身亡。「阿河」事件促成了二〇一八年《動物保護法》修正，原則上禁止任何人公開展演動物。而若要展演動物，則必須向地方主管機關申請，而且申請展演動物的資格只限於社會教育機構、休閒農場、觀光遊樂業。此外，展演單位必須定期接受評鑑，並繳納保證金、投保責任險。

回到這間夜店的羊駝案，「夜店」顯然沒有資格依《動物保護法》規定向主管機關申請展演動物。而若違反法律規定公開展演動物，地方政府可以處新台幣五萬到二十五萬元的罰鍰，並且當場沒入動物。

陽明山的水牛

除了展演動物之外，二〇二〇年傳出陽明山擎天崗上的水牛突然大量死亡的消息。根據統計，那一陣子至少就有快四十頭水牛死亡。

台北市動保處調查後發現，陽明山國家公園管理處在二〇一九年，用圍籬及鐵絲網等設施縮小水牛的活動範圍，導致天氣變冷以後沒辦法移動到較溫暖的地方，覓食範圍也變小，所以最後就餓死了。

動保處認為，因為陽管處管理不當，導致水牛死亡，因此依動保法對陽管處開罰新台幣七萬五千元。但陽管處認為，野生的水牛並不歸他們管，把牠們圍起來是避免水牛衝到車道上造成危險。因此不服台北市動保處的罰鍰，繼而訴請行政救濟。

二〇二一年十二月，監察院調查後發現陽管處耗資兩百九十七萬元設置圍籬，其後因為水牛死亡爭議又花了近三十萬元拆除，雖然不能證明圍籬是造成水牛死亡的直接原因，但陽管處短時間內蓋好又拆掉，浪費了不少公帑。監察院認為陽管處施政草率、欠缺周全，因此提出糾正。

而講到台北的牛，就不得不提到「抗議天王」柯賜海和他的口號「馬英九還我牛」。二〇〇五年左右，柯賜海在天母溪邊放養牛、豬，後來被台北市政府沒入，他認為是當時的台北市長馬英九奪走他的牛，因此後來以「馬英九還我牛」當抗議口號。他也曾經為了抗議司法的鴕鳥心態，因此帶了鴕鳥到司法院和總統府門前抗議。

動物只是財產？

在法律上，動物只是「物」，意思是你弄死了別人的寵物，概念上來說就像你摔壞他的手機一樣，都是弄壞別人的「財產」。

不過，近年來法院也有了不一樣的見解。

根據《民法》的架構，我們明確地區分了「人」和「物」。而寵物，是不是《民法》上的「物」呢？又或是我們有辦法把寵物視為《民法》上的「人」嗎？

有判決認為，根據目前的《民法》規定，寵物沒辦法自己依據法律主張自己的權利，因此並不能算是《民法》上的「權利主體」。沒辦法突破《民法》的框架，把寵物視為「人」，讓寵物自己或是透過飼主來行使權利。

但我們有沒有辦法拐個彎，把寵物從「物」當中獨立出來呢？意思是我們不再把動物當作像你的其他財產一樣普通，而賦予寵物一個新的地位呢？

法院認為，在考量動物（尤其是寵物）與人有情感上的密切關係，甚至很多時候已經是近似於「家人」的伴侶關係。如果我們維持過去把動物定位在「物」，並把別人侵害動物的行為視為侵害飼主「財產權」的見解，使得動物受害死亡時，飼主只能請求寵物在財產上的價值利益，其他慰撫金、殯葬費等等，都無法請求。這樣的想法，等於否定飼主與寵物的情感，不只和社會上多數人的觀念不符，更有可能變相鼓勵大家漠視動物的生命。

而目前的《民法》，也沒有明確地規定「動物就是『物』」，在規範出現一個模糊空間下，我們似乎可以想辦法突破，不應該再把動物視為單純的物，而是介於「人」與「物」之間的「獨立生命體」。

換句話說，法官在判決中，從「人」和「物」之中找到了一個破口，賦予動物一個全新的地位——「獨立生命體」。

在這個概念之下，其他人侵害寵物，使得寵物受傷或是死亡的時候，飼主能在法律上主張的權利，從過去「寵物市價」的利益，延伸到「回復寵物狀態的完整權利」，而且還可以請求慰撫金。

從這個判決中我們可以看到，台灣的法院，已經明確意識到「動物權」的問題，雖然在法律目前還沒明確的規定讓寵物地位進一步提升的情形下，法院還是找到了方法，創設了一個「人」與「物」之間的「獨立生命體」，如果寵物受傷或是死亡，飼主可以藉此作為請求慰撫金的理由。

雖然民事判決上出現了不太一樣的見解，但刑事法院對於動物的地位仍然維持一貫的見解：例如別人的寵物，在刑法上的意義仍然是「別人的東西」，如果故意殺死牠，等同毀損別人財產的「毀損罪」。

故意虐待動物除了刑法本文的責任之外，也會有《動物保護法》規定的刑事責任。例如虐待動物致死的責任也不斷地提高，從原本的罰鍰處罰，到二〇一五年以刑事責任處罰、二〇一七年更提高到兩年以下有期徒刑。但仍有人認為，雖然近期的法院判決和修法動態逐漸納入「人類對動物的感情」這樣的概念，仍不脫將動物視為「物」的本質。

Weight of Life

動物的權利該如何保護？

除了前面提到的問題之外，《動物保護法》也一直被批評是「寵物保護法」，甚至是「犬貓保護法」。雖然第1條明文規定：「為尊重動物生命及保護動物、增進動物福利，特制定本法。」但仔細檢視每個法條，會發現當中寵物的規範不成比例的高，而寵物的定義也明文規定是「犬、貓及其他供玩賞、伴侶之目的而飼養或管領之動物」。有法律學者批評，現行的動保法只保護了寵物，對於實驗動物、經濟動物根本欠缺相關動物福利的規範。

隨著大家越來越重視動物的權利，近年來台灣也有人主張要透過修憲強化動物的權利。一九七八年，聯合國《世界動物宣言》提到，動物應該有「生存權」，每個國家應該重視動物權利的保障。而目前在世界上，已有許多國家將「動物權」入憲，像是德國、瑞士、奧地利、盧森堡、印度、埃及、巴西等國家，已在憲法裡明文規定保障「動物權」。

例如德國在二〇〇二年修改聯邦憲法20A條：「國家基於對後代子孫的責任，藉由立法及按照法律與公理所進行的執法與判決，保護自然生存環境及動物。」將動物保護入憲。

而瑞士的憲法，則是規範考量「生物的尊嚴」，所以瑞士的動物保護法第1條，就明定其宗旨為「保護動物之尊嚴與福利」。

前陣子，立法院成立修憲委員會，也有立法委員提案納入動物權利。像是鄭麗文的提案版本，在憲法層級要求國家保障，草案甚至還規定了「公益訴訟」的規定，任何人或任何公益團體，都可以因為某個動物生存環境受到不當侵害而提起訴訟。

然而，修憲本身的困難度，使得透過修憲提升台灣動物權利的可能性微乎其微。也有意見認為，不一定要透過修憲來強化動物的權利地位。我們也可以參考德國民法的規定「動物不是物」，讓動物從傳統「人、物」二元論的概念中獨立出來，並且進一步強化動物在整體法律中的地位，也是一個可行的方法。

參考法條

Laws and Acts

《動物保護法》第 6 條之 1 第 1-4 項

I　任何人不得以動物進行展演。但申請經直轄市、縣（市）主管機關許可，或屬中央主管機關公告免經許可之展演動物類型、條件、方式或場所者，不在此限。

II　前項申請人，以具有社會教育機構、休閒農場、觀光遊樂業或其他經主管機關指定之資格者為限；且申請人或其僱用之相關人員曾因違反第二十五條、第二十五條之一第一項之規定經有罪判決確定者，直轄市、縣（市）主管機關應不予許可前項之申請。

III　第一項申請人應依直轄市、縣（市）主管機關之通知繳納保證金、投保責任保險或以其他方式擔保展演動物未獲得妥善飼養、照護或安置時，直轄市、縣（市）主管機關得以保證金、保險給付或擔保金額使用於妥善飼養、照護、安置或其他相關用途。

IV　展演動物者應具備適當設施、專任人員、向主管機關申報展演動物相關資訊並接受主管機關之評鑑。評鑑不合格者，主管機關應令其限期改善；屆期未改善者，主管機關得廢止其許可。

TAIWAN IN
任何人都可以
註冊商標嗎？
File NO. JA00039B
NO. JA00039A

發生什麼事??

二〇二〇年東京奧運，選手李洋、王齊麟的男子羽球雙打組合，在金牌戰的最後一球，由鷹眼判定球落在界內——這顆「Taiwan In」成為奧運後全台灣最有名的圖案。

隨著這個圖案爆紅，各式各樣的「Taiwan In」周邊紛紛出現，沒想到後來有人竟然拿「Taiwan In」的圖樣去申請商標。

我們從幾個不同的方向來看這個問題。

商標的規定

《商標法》第18條規定，「商標」指任何具有識別性之標識，得以文字、圖形、記號、顏色、立體形狀、動態、全像圖、聲音等，或其聯合式所組成。

像是想將「流行語」當作商標，但一般消費者並不會真的視之為一個商標，只會覺得這是一個概念，因而欠缺識別性，不能註冊商標。

之前有人拿「順時中」去申請，就是被智財局認定為「流行語」而被拒絕。

Taiwan 可以用嗎？

「Taiwan」能不能當作商標的一部分？經濟部智財局曾經說過，單純的地名當然不能當商標，但如果把地名包裝設計進商標的一部分，讓「整體」商標看起來具有識別性，則就沒有問題。

像是「Taiwan In」的元素包括「羽球場地」、「電腦的落點」、「設計過的 Taiwan 字樣」，算是有把 Taiwan 組合出「整體」的識別性，是一個組合設計圖。

流行圖？

如果要註冊商標，最重要的問題是前面提到的「識別性」。

大家看到「Taiwan In」這張圖只會聯想到金牌戰，很可能會被認為不具有商標的「識別性」。而且一出現就爆紅，到處都看得到的「流行圖」，非常有可能會被拒絕。

有沒有侵害他人的著作權？

商標圖樣如果侵害他人的著作權，而且被法院判決確定的話，就不能註冊。下一個問題是，這張圖的著作權在誰手上呢？

在主辦單位或轉播單位？

羽球場和落點的畫面雖然是電視轉播出來的畫面，但它有沒有「原創性」很值得討論。像是這個畫面其實是電腦自己計算出來的結果，但「原創性」其中一個要求是人類精神創作的成果，電腦自動產生的畫面是「著作」嗎？恐怕不是。

簡單來說，主辦單位或轉播單位很難拿著「球場落點圖」去主張侵害著作權。

再者，「Taiwan In」的創作人是誰？

最開始創做出「Taiwan In」的人當然可以主張跑去註冊商標的閒雜人等侵害了他的著作權。

不過一瞬間太多相同的圖冒出來，反而產生平行創作的問題，也就是你想到、我想到、大家都有想到，增加了舉證的困難性。

而智財局也明確表示，由於到處都看得到「Taiwan In」，現階段幾乎沒有識別空間。奧運後也有大量的申請案湧入，但在智財局已經明確表態的情況下，申請有很高的機率會被駁回。更何況在申請爆量的情況下，等於你花了三千元的申請費，等了很久，最後還是被拒絕。

有鑑於此，智財局當時就呼籲民眾，請不要一窩蜂地來註冊商標。

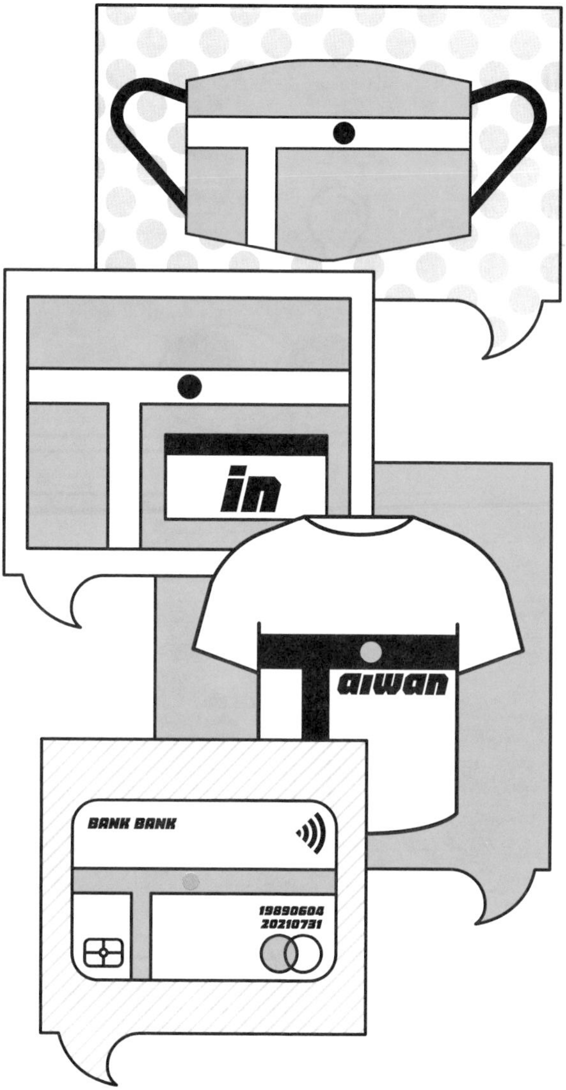

我也是看法白才想到

香味可以當商標嗎？

有些研究也顯示嗅覺的確可以喚起人們對事件、物品的記憶，利用這樣的特性，使特定氣味與公司、商品或服務產生連結，似乎有其道理，也因此許多國家有「氣味商標」的案例，而台灣也在二〇一一年開放氣味商標的申請。

雖然台灣可以申請氣味商標，但是截至目前為止還沒有申請成功的案例，在國際間通過申請也有相當的困難度。

為什麼呢？

例如主要功能在於洗淨的沐浴乳，所添加的花香味可能只是附加功能，這些功能性的氣味目前都無法通過氣味商標的審核。

而且氣味是主觀的，不像圖形、影像或文字，比較容易有相同的認知，也不像顏色或聲音有國際認定的判準，一個味道要如何形容，比較難透過普世的標準讓一般大眾有共同的認知，因此在商標的明確性，就常常難以通過審核。

再來最難的就是商標識別性的問題，一個味道要讓大部分的消費者一聞就立刻聯想到特定品牌，並且與其他品牌區隔開來，這是非常困難的。

白花油公司就曾在二〇一二年想要申請「具有薰衣草氣味的氣味商標」，結果智慧財產局認為，白花油帶有稍微刺鼻的薄荷味，和其他無法辨識的氣味，還是無法讓消費者清楚、明確地認知白花油呈現的氣味到底是什麼，因此他們的申請也被拒絕了。

商標跟別人的長很像怎麼辦？

如果商標跟人家很像，但是商品完全不一樣呢？

原則上一個品牌的商標只會在他所申請的領域有效，這也是商標在註冊的時候，之所以要選擇類別的原因。但是隨著企業紛紛多角化經營，相似商標就越來越容易踩雷。

當品牌事業越做越大，有些類別可能是他有想要發展，如果這時候有人用相似的商標來跨足競爭的時候，法院除了審酌商標間是不是高度相似、相關消費者是不是對各商標具有熟悉度、商標識別性本身的強弱等等，也會去思考「先使用商標的那個人是不是有多角化經營的狀況」。

如果在多角化經營延伸的觸角範圍內，但還沒實際擴及到，這時候有人用相似的商標跨足，我們會比較傾向保護那個正在擴大經營的人；相反地，如果是先使用商標的企業就一直乖乖地在他註冊商標的那個領域茁壯長大，那這時候，別人用了的話原則上就不會有影響。而說到底，最核心的判斷標準還是在會不會有使消費者混淆誤認的可能。

舉例來說，大家都知道世界著名的碳酸飲料可口可樂，假設我想要在台灣開一間可口可樂遊樂園，可以這麼做嗎？這個時候判斷可不可以，核心標準在於會不會導致一般公眾有混淆的可能性，像是會不會覺得這間可口可樂遊樂園是美國的可口可樂公司所開設的。

此外，侵害別人的商標會有民事跟刑事責任，民事責任的部分，可以向侵害者主張損害賠償，或是請求銷毀侵害商標權的物品及從事侵害行為的原料或器具；刑事上也要負擔三年以下的刑責。

誠品搬家

比較近期的案例像是先前的「誠品搬家」。有一間「誠品搬家有限公司」以及「誠品優質包裝有限公司」被法院認為侵害誠品書店的商標權，判賠三百萬元。

有個叫做「誠品」的搬家公司和包裝公司，被另一個叫做「誠品」的公司（比較有名的是書店，也有些人覺得他們是百貨公司）告上法院。誠品書店主張，他們也有自己的「誠品物流」，因此「誠品搬家」侵害商標權。

問題就在於，開一間搬家公司名叫「誠品」，商標會不會跟另一家開書店的「誠品」太像，導致消費者搞混呢？

一審法院說不會，雖然賣書的誠品公司有一間「誠品物流」，但和搬家公司還是有差別，一般人不會覺得這兩家誠品是一樣的，所以沒有混淆的可能。

而且，搬家公司的介紹中提到：「向『誠品書店』借名蘊含著成為『搬家業中的誠品』的雄心壯志，與英文名稱的『Champion』相呼應。」

被告也主張，就像有些品牌會形容自己是「鮮奶界的ＬＶ」之類的話，這只是說自己的商品跟ＬＶ一樣高檔，沒有要讓人誤以為是「ＬＶ出品的鮮奶」。

法院認為，從這段介紹可以看出「誠品搬家」沒有要刻意去攀附「誠品書店」的商譽，也沒有讓消費者誤認他們是誠品書店的搬家部門。

除此之外，像是誠品書店的資本額高達十六億、誠品搬家只有一千萬；而兩者官網的質感也差很多，消費者應該不會點進「誠品搬家」的官網就誤以為它屬於誠品書店的一部分。

但二審法院則跟一審結論完全不同。

理由是雙方提供的服務，在商標分類上屬於同一類，所以就算不是同一種服務也是類似的服務。

而且判斷相關消費者會不會混淆誤認，只要有可能性存在就好，不需要真的有人誤認。

在這案子中，搬家公司使用「誠品」的名字不是只用在公司名稱，在卡車、工作人員制服、打包紙箱上均印有放大的「誠品」二字。就算字體略有不同，但對消費者來說，如果在不同時間、地點看到搬家公司這樣使用「誠品」的名字，有極大可能誤認兩個服務是同一個來源，或是具有加盟、授權等關係。

所以二審認為，搬家公司的行為當然違反了《商標法》的規定，判決敗訴，不得再使用「誠品」兩個字，並賠償三百萬。

參考法條

Laws and Acts

《商標法》第18條

I 商標，指任何具有識別性之標識，得以文字、圖形、記號、顏色、立體形狀、動態、全像圖、聲音等，或其聯合式所組成。

II 前項所稱識別性，指足以使商品或服務之相關消費者認識為指示商品或服務來源，並得與他人之商品或服務相區別者。

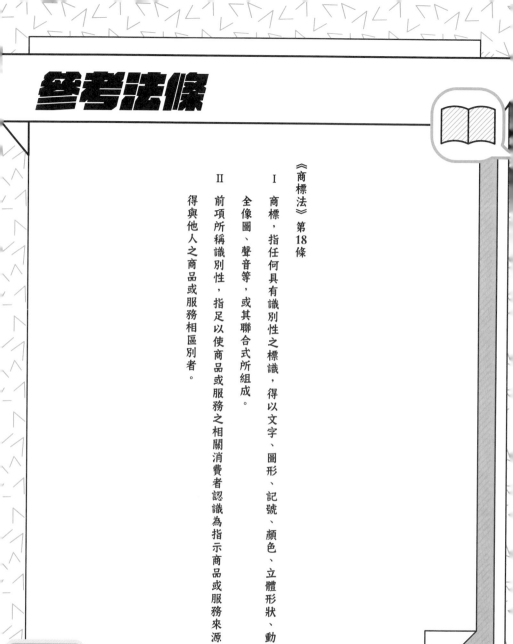

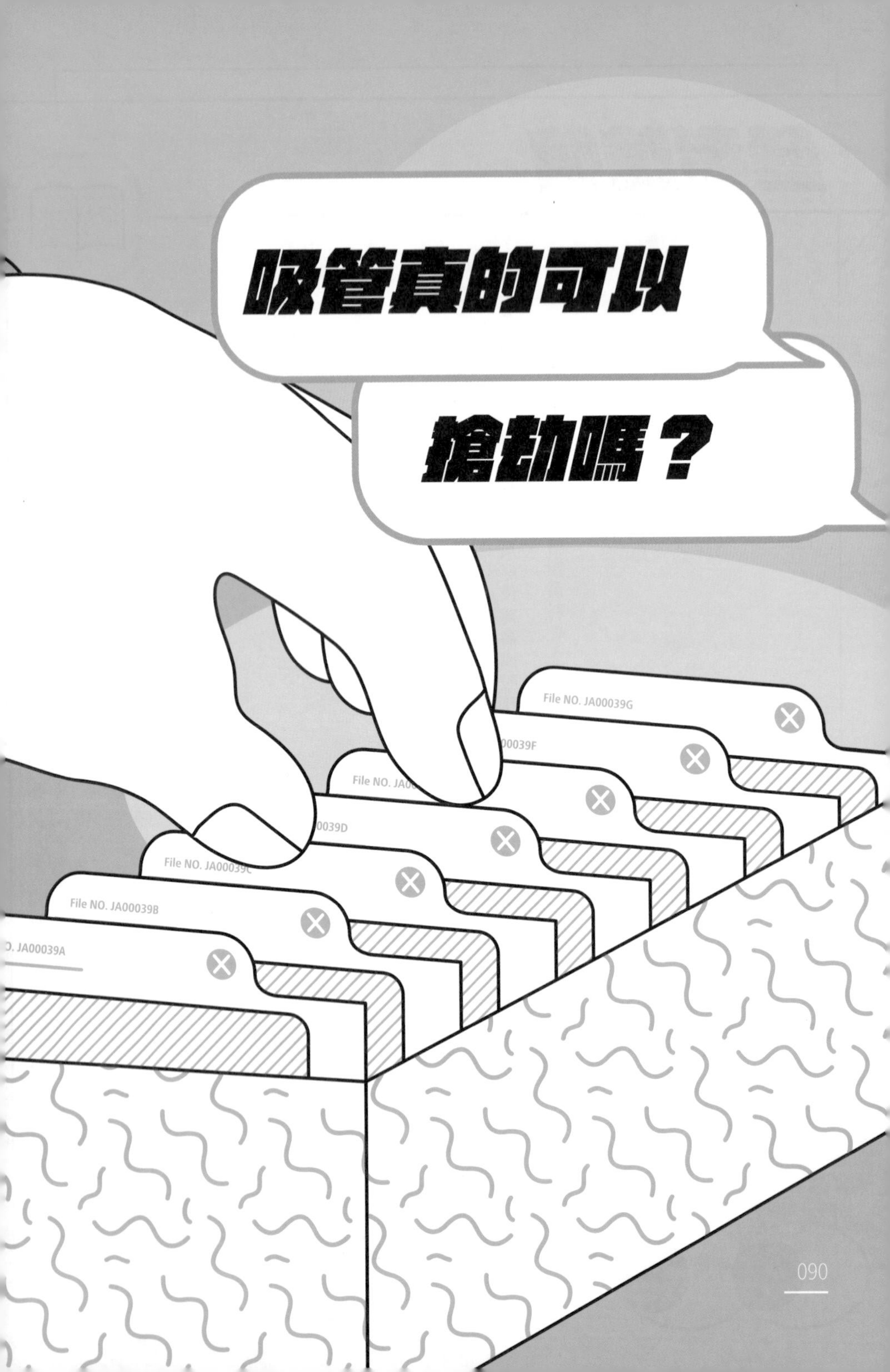
吸管真的可以
搶劫嗎？
File NO. JA00039G
File NO. JA00039C
File NO. JA00039B

發生什麼事??

二〇二〇年某天晚上，台北一名男子一邊喝酒一邊走進超商，走到櫃檯，拿了一根吸管喊搶劫，要店員交出兩千元。店員見狀傻眼，反問搶匪：

你確定嗎？搶奪罪判很重喔！

醉男回答：

我沒辦法，我撩落去了！

店員見狀無奈，也只能依照公司「遇到搶匪不要起衝突」的規定，還是給他一千元讓他離開後再報警。

後來，台北地方法院以犯強制罪為由判處該男拘役五十日，可以易科罰金五萬元。

為什麼這不是恐嚇取財？

刑法上的「恐嚇取財罪」，藉由「惡害告知」，使得被害人心生畏懼並進而交付財物。這句話白話來說，就是藉由嚇人，讓被害人「當時感到害怕極了」，因而把財物交給你。

而這個案子的被告，拿著一根吸管要搶劫，這個行為其實也算惡害告知，而被害人之後也真的交付了財物。但最大的爭議就在於，被害人只是感到傻眼，並沒有感到害怕，因此法院認為被告的行為並沒有達到足以使人「心生畏懼」的程度，所以不成立恐嚇取財。

在這個案例裡面，店員在審理的過程中多次表示，他看到吸管的時候只覺得傻眼，沒有感到害怕，給錢是因為公司的員工教育提到，遇到此種情形盡量不要引起衝突等等，所以沒有恐嚇取財的問題。

這樣就沒犯罪嗎？

但是，拿著吸管要搶劫，就可以這樣算了嗎？

當然不是。

這個案子裡，法官另外用了「強制罪」來判決被告有罪。

什麼是強制罪呢？根據刑法規定，透過強暴、脅迫等方法，讓人做他沒有義務的事，或妨害人行使權利，成立強制罪。

「強暴」指的是對別人做出一些物理上的作用力，而強暴行為又可以分為直接和間接兩種：直接的強暴，像是抓住一個人讓他沒辦法動彈這類最簡單粗暴的行使；而間接的強暴，則是透過你的強制力間接使得對方沒辦法好好移動，像是最常見的馬路逼車，你並沒有直接抓住他的方向盤，但你透過離他很近的方式，使得對方也沒辦法好好開車，就算是一種間接的強暴。

「脅迫」則是透過言語或行為，對被害人造成心理壓力而不得不從。

回到這個案子，法院判決認為，雖然被害人交付財物並不是因為「心生畏懼」，但被害人最後拿錢給被告，被告的行為屬於透過「脅迫」使得被害人做了「沒有義務的事」，因此判決被告成立強制罪。

為什麼搶劫不會成立強盜？

刑法上的強盜罪，要求的手段就比較凶狠一點，必須要透過強暴脅迫之類的手段，讓被害人達到無法抗拒的程度，然後把被害人的錢拿走（或是他把錢交出來）。

在這個案子裡面，被害人連害怕都沒有了，更不用說「無法抗拒了」（多數人應該都可以抗拒一根吸管的威脅吧），所以便沒有構成強盜罪的問題。

$$
NTD
NTD
staff

相對地，如果這個被告可以靠一根吸管殺人於無形，讓被害人看到吸管在面前晃呀晃的就嚇到不敢反抗，然後乖乖把錢交出來，這時候就一定是強盜，已經強盜。

嚇人要有所本

除了我們前面提到，「惡害告知」要讓被害人達到「心生畏懼」的效果之外，「惡害告知」的本質也很重要：必須是現實世界有可能發生的事。

像是怪力亂神，比如說「你不給我錢的話，現在就會被天打雷劈」，但事實上沒有人有辦法控制天空立刻劈一道雷下來，不屬於現實上可以實現的事實，因此不屬於惡害告知，並不會成立恐嚇。

但如果被害人還是因此被嚇到的話，難道被告可以因為講了不會發生的事，就這樣逃過法律制裁嗎？

當然不會。曾經有法院判決認為，這時候被害人被「嚇到」進而交付財物，仔細看，被害人是「相信」行為人的鬼神之說，因而「嚇到」，才交付財物。這個邏輯上相當於詐欺罪──行為人的鬼神之說相當於詐欺罪的「使用詐術」，被害人感到害怕其實也算是一種因為詐術而「陷於錯誤」（畢竟是相信這個鬼神之說才會感到害怕，也算是一種被騙），然後在這個陷於錯誤的狀態下交付財物給行為人。

因此，法院拐了個彎，判決行為人成立詐欺取財罪。

各式各樣的超自然恐嚇

除了前面提到的恐嚇取財罪之外，刑法還有兩種「恐嚇罪」：

1. 第一種是「恐嚇公眾罪」，概念像是報復社會，藉由加害生命、身體、財產的訊息來恐嚇公眾（包括不特定多數人，或特定多數人），並導致對公共安全的危害。像是某個人在網路上宣告，某年某月某日他要在捷運上放炸彈，使得大家產生恐慌，這樣的行為就屬於恐嚇公眾罪。

2. 而對個人安全的恐嚇，危害別人的個人安全，則會成立「恐嚇危安罪」。像是寄一顆子彈給對方，讓對方因而感到害怕。

但不管是哪一種恐嚇，概念上都是透過「惡害告知」，使得被害人「心生畏懼」。

和恐嚇取財罪一樣的是，其他兩種恐嚇罪的「惡害告知」也必須是現實世界可能發生的事。前面提到的鬼神之說，在其他兩種恐嚇罪的情形，也不會成立犯罪。

再延伸一點：用宗教來騙錢呢？

前面有提到一個案例，行為人用鬼神之說來「恐嚇」被害人，但最後法院認為怪力亂神在現實世界不可能發生，不屬於恐嚇，改用詐欺罪來判。

這時候的你，可能會想問，如果行為人最一開始就擺明要騙了呢？也就是所謂的「宗教騙財」：某某「師父」說，只要你每個月定期定額孝敬師父十萬元，就可以保佑你的父親從癌末康復。已經走投無路的你，也沒有辦法判斷，於是就這樣上鉤了，但父親的病最後也沒有好——你才發現你被騙了，該怎麼辦？

曾經出現過一個很有趣的例子：某個人開了一間宮廟，並自稱是「玉皇大帝」分靈（可能是《哈利波特》看太多，把裡面的概念抄過來了）。他找到了第一個弟子，這個弟子的日子最近過得很慘，在高速公路休息站車子停得好好的，硬是有一台車倒車過來撞，最近又很常在高速公路下錯出口等等。這位玉皇大帝的分靈體說，你可能是卡到陰，他有辦法幫你祭改，一次十萬元。

被害人後來發現自己上當了，於是向檢察官提起告訴。檢察官也用「詐欺罪」起訴這位「玉皇大帝」。

法院後來判決有罪，理由是：

1. 雖然人民基於宗教自由，有權利相信不能證明的事情，也就是宗教。但我們要注意的是，「單純的宗教信仰」與「宗教的社會行為」不同。前者是你在心裡的信仰，只要沒有表現出來給任何人看，都受到宗教自由的絕對保障；但變成「宗教社會行為」時，就不能再這樣主張，必須和「一般的社會價值」掛鉤判斷。
2. 一般人在遇到挫折徬徨的時候，對事情的判斷力本來就會比較薄弱。如果藉此以鬼神之類科學無法驗證的方法去騙人，已經超過了宗教自由保護的範圍，而是他口中的「宗教」已經成為主觀上有詐欺故意的展現，不能主張「宗教自由」而豁免於刑法的處罰。
3. 雖然被告主張，平常去廟裡安太歲、開運的時候，寺廟也會收錢。但是被告做的「祭改」跟這些一般的民俗活動相比，並沒有特別複雜、也沒有過多的成本，竟然開口要了近十萬元的費用，超過合理的「行情」。
4. 被告雖然另外主張鬼神根本不存在、不可信，不會成立詐欺，但是，鬼神存在與否和拿來當作詐欺的手段是兩回事。

最後，被告仍被法院判決犯詐欺罪。

參考法條

《中華民國刑法》第304條第1項

以強暴、脅迫使人行無義務之事或妨害人行使權利者，處三年以下有期徒刑、拘役或九千元以下罰金。

Laws and Acts

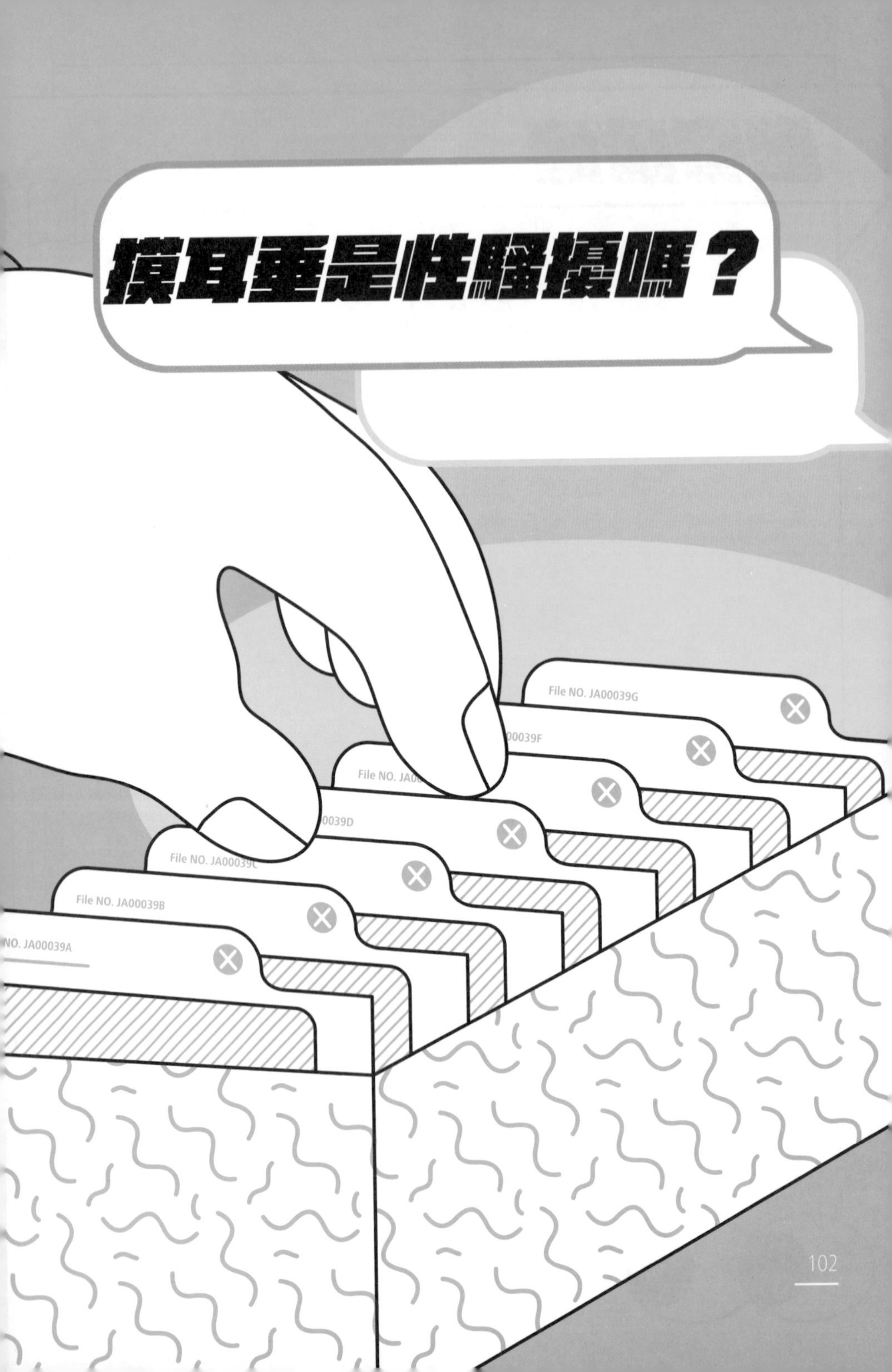
摸耳垂是性騷擾嗎？
File NO. JA00039G
00039F
File NO. JA0
00039D
File NO. JA00039C
File NO. JA00039B
NO. JA00039A

發生什麼事??

媒體報導，桃園市一名中年男子多次觸摸女同事的耳垂，同事不堪其擾之下提告。但桃園地檢署偵查後，認為並不構成性騷擾罪，因此將男子不起訴。

不起訴處分並沒有公開，我們無法評論這個案件。但我們從這個案子出發，來聊聊職場、校園，以及各式各樣環境都會發生的性騷擾。

什麼是性騷擾？

根據《性騷擾防治法》規定，性騷擾是指性侵害犯罪以外，所有違反他人意願所為，而且與性或是性別有關的行為。

另外，這樣的行為要成立性騷擾，還要符合以下其中一種情形：

1. 基於對方對性騷擾行為的順服或拒絕，作為工作、教育等權益的利益或不利益。
2. 用文字、圖畫、影音、影像等方式展示播送，或是藉由歧視、侮辱的言行等方法，損害他人人格尊嚴（或是使人心生畏怖、感受敵意或冒犯的情境），或是不當影響他人工作、教育、訓練、服務、計畫、活動或是正常生活的進行。

如果對他人性騷擾，地方政府可以依法處最高新台幣十萬元的罰鍰。

那麼，實際發生的時候，法院怎麼認定性騷擾呢？最高行政法院認為，從法律規定來看，性騷擾的定義側重被害人的主觀感受，行為人有沒有性騷擾的意圖不是判斷的重點。

也就是說，法院會判斷行為有沒有造成被害人「損害人格尊嚴」或是「造成心生畏怖、感受敵意或冒犯之情境」。只要被害人主觀上有這些感受，即使行為人沒有性騷擾的意圖，仍會成立性騷擾。

性騷擾罪？

《性騷擾防治法》另外規定了「強制觸摸罪」，但成立的條件比較嚴格：行為人要基於性騷擾的意圖，趁著他人來不及抗拒的時候親吻、擁抱、觸摸臀部胸部或其他身體隱私處。

和前面行政法院見解不同的是，強制觸摸罪的行為人主觀上必須有性騷擾的意圖。

那麼，什麼是「身體隱私處」呢？

高等法院曾經有個案例，討論被告碰觸被害人的小腿、親吻腳趾，是否成立「強制觸摸罪」。

法院認為，身體隱私處除了生殖器、鼠蹊部之類大家認為比較隱私的部位之外，在解釋上不能只以身體部位是否外露作為唯一標準，還要判斷如果對這個身體部位親吻、擁抱、觸摸是否與性有關，並干擾被害人與性有關的平和狀態。

另外，這樣的碰觸，也要從被害人的角度，以及社會觀念之下，來綜合判斷是否構成身體隱私處。

像是上司、部屬之間偷襲摟腰、親吻嘴脣等行為，是帶有性暗示的調戲行為，而且在身分關係的影響下，會讓被害人有不舒服的感覺，屬於性騷擾。

但是摸小腿、親腳趾並不是台灣社會觀念下可以任意撫摸碰觸的身體部位，而且這樣的行為在親密關係中，是帶有性含意的挑逗調戲行為。

所以，高等法院認為摸小腿、親吻腳趾是強制觸摸罪的「身體隱私處」。

摸耳垂呢？

回到最前面提到的案子，新聞報導中可以判斷，檢察官認為被告沒有性騷擾的意圖，此外耳垂也不算「身體隱私處」，不成立《性騷擾防治法》的「強制觸摸罪」，所以對被告不起訴。

不過，因為被害人主觀上已經認為遭受性騷擾，即使被告主觀上沒有性騷擾的意思，還是符合性騷擾的定義，被害人如果透過《性騷擾防治法》規定申訴，可以由地方政府處最高新台幣十萬元的罰鍰。

遇到職場性騷擾怎麼辦？

首先一定要保持冷靜，然後將相關證據蒐集起來，例如書面證據、錄音或是錄影足以證明對方曾對你有過性騷擾相關行為，抑或是對方曾說過什麼話、寫過什麼字；能留存的證據就留存，能拍照的證據也盡量留下。

若有證人的話，也可以請證人回想當時的場景是否有看到你被性騷擾的經過，這時候也可以錄音把對話記錄下來，如果以錄音記錄你們的談話，若必要的話也請證人能出面幫助你作證。有了充足的證據，才能站得住腳。

若是一般人遇到性騷擾的話，可以向加害人所屬的機關或是單位要求其展開調查並且處理。如果加害人所屬的機關單位不負責的話，那麼受害人可以向加害人所屬單位的縣市政府提出申訴，政府機關便會協助去督促該單位展開調查，若不調查的話可以被處以罰鍰；並且主管機關若最後確認有性騷擾的情況存在，也可以向加害人處以罰鍰。

若是在職場中遇到性騷擾的話，建議受僱者要先找雇用人——也就是你的主管——報告，請求協助；若效果不好，或者是性騷擾的加害人即為主管的話，那麼就可以向地方主管機關申訴，主管機關會開始調查並且做出決定，雇主可能因為情況不同而被處以二萬到五十萬之間不等的罰鍰喔！

另外，偶爾也會看到求職過程中，像是在面試的時候被面試官性騷擾的情形。雖然求職者不是公司的員工，但《性別工作平等法》也有規定，求職者或在求職的過程中遇到性騷擾的話，也可以依法提出申訴。

除了上面提到的行政責任，對他人為性騷擾者也可能背負額外的民事責任，要負損害賠償責任。受害人可針對自己所受的精神損害請求回復名譽，或是相當金額的賠償。

校園性騷擾

除了前面討論的職場性騷擾之外，「校園」也是常見的性騷擾發生地。根據《性別平等教育法》，性騷擾可以分成「敵意環境性騷擾」以及「交換式性騷擾」兩種未達到性侵害程度的行為：

1. 「敵意環境性騷擾」，指的是做出任何不受歡迎而且帶有性意味、性別歧視，影響他人的人格尊嚴、學習、工作機會或表現的言詞或行為。像是對別人開黃腔、偷窺、身體上的碰觸，甚至是要脅、攻擊，這類的行為都會構成敵意環境性騷擾。
2. 另外一種是「交換式性騷擾」，利用性或性別相關的行為作為交換條件，以滿足自己或其他人獲得、失去或減損學習（或是工作）相關權益。像是曾經有學校老師暗示學生「只要能做些什麼」就可以提高成績，這樣的行為已經構成「交換式性騷擾」。

如果在學校遇到性騷擾，可以把相關證據蒐集好，向學校提出申訴。而一旦有人申訴性騷擾或是性霸凌的案件，學校的「性別平等教育委員會」必須召開會議決議是否受理，如果受理，之後處理和調查，學校對於當事人有保密或保護的義務。如果有人違反這個保密義務洩密出去，會受到法律的處罰。

學校經過調查後，如果查證屬實，必須讓行為人接受心理輔導，並要求他在被害人的同意下向被害人道歉，或是接受性平教育課程等教育措施。

面對性騷擾

《性別平等教育法》當初的立法目的是希望能建立「性別平等之教育資源與環境」，並希望能透過教育的方式消除性別歧視。但即使有了法律，校園裡仍時常傳出令人痛心的事件。這也提醒著我們：法律仍有它的極限，即使有了處罰、調查的規定，但這都是事後的亡羊補牢，根本上還是要靠「教育」來改變現階段的性別不平等。

此外，許多人遇到性騷擾問題時反而會檢討受害者，諸如「你穿這麼少，難怪會被性騷擾」的言論比比皆是。但大家卻忘記最重要的是，騷擾行為本身就應該要被制止。

把一切當作是受害者自己的問題，不只無助於解決性騷擾問題，反而會讓受害者遭到二次傷害。

這也是我們應該要注意、避免的事。

參考法條

Laws and Acts

《性騷擾防治法》第2條

本法所稱性騷擾，係指性侵害犯罪以外，對他人實施違反其意願而與性或性別有關之行為，且有下列情形之一者：一、以該他人順服或拒絕該行為，作為其獲得、喪失或減損與工作、教育、訓練、服務、計畫、活動有關權益之條件。二、以展示或播送文字、圖畫、聲音、影像或其他物品之方式，或以歧視、侮辱之言行，或以他法，而有損害他人人格尊嚴，或造成使人心生畏怖、感受敵意或冒犯之情境，或不當影響其工作、教育、訓練、服務、計畫、活動或正常生活之進行。

《性別工作平等法》第12條第1項

本法所稱性騷擾，謂下列二款情形之一：一、受僱者於執行職務時，任何人以性要求、具有性意味或性別歧視之言詞或行為，對其造成敵意性、脅迫性或冒犯性之工作環境，致侵犯或干擾其人格尊嚴、人身自由或影響其工作表現。二、雇主對受僱者或求職者為明示或暗示之性要求、具有性意味或性別歧視之言詞或行為，作為勞務契約成立、存續、變更或分發、配置、報酬、考績、陞遷、降調、獎懲等之交換條件。

參考法條

《性別平等教育法》第2條第4款

本法用詞定義如下：四、性騷擾：指符合下列情形之一，且未達性侵害之程度者：（一）以明示或暗示之方式，從事不受歡迎且具有性意味或性別歧視之言詞或行為，致影響他人之人格尊嚴、學習、或工作之機會或表現者。（二）以性或性別有關之行為，作為自己或他人獲得、喪失或減損其學習或工作有關權益之條件者。

Laws and Acts

中天換照案
是國家機器
打壓新聞自由嗎？
File NO. JA00039C
File NO. JA00039B
NO. JA00039A

發生什麼事??

二〇二〇年，NCC在審查中天新聞台後，認為中天過去多次違規、內控機制失靈，且新聞內容被持有人嚴重介入，因此不予換照。十二月十二日，中天新聞台在原本的執照到期後停播。

其實早在二〇一四年，中天就面臨過一次換照危機，NCC在當時讓中天「有條件換照」。雖然放行了，但開出四個條件要中天乖乖遵守：

1. 定期辦理員工教育訓練。
2. 倫理委員會外部委員包含性別平權、婦女權益、兒少保護、新聞自由、消費者保護等相關的公民團體與專家學者。
3. 盡速補實一名專職專責編審人員。
4. 落實獨立審查人制度。

NCC是做什麼的？

國家通訊傳播委員會（National Communications Commission，簡稱NCC），負責的業務包含制定通訊傳播監理政策及法令、通訊傳播事業營運之監督管理，以及證照核發、維護通訊傳播競爭秩序。

在成立NCC之前，這些業務原本是行政院新聞局和交通部電信總局負責。後來，政府考量到傳播媒體的重要性，認為設立獨立機關更能避免政治力干預，因此仿照美國聯邦通信委員會成立了NCC。

NCC是獨立機關，依照專業自主決定，不受政治或外力影響之裁量空間。如果有傳播媒體違反通訊傳播相關法令，NCC也有權力取締及處分。

NCC如何審查電視台？

如果你想要開一家電視台，首先要取得NCC的許可，才能把節目送到觀眾面前。因此，你的第一步驟就是「申設」——帶著電視台去找NCC申請經營許可，如果審查通過的話，就會取得所謂的經營執照。

順利取得許可開始經營後，當經營執照屆滿三年，就要執行「評鑑」。評鑑會看你過去的違規次數、違規情形、財務結構、營運計畫的實踐等等因素，確認你是不是有達到申設時的承諾。

評鑑的概念有點像大學的期中考，但如果你考得太爛，也就是電視台評鑑的結果真的爛得徹底，NCC是有權力直接撤照的。

接下來是第三關：「換照」。當執照取得滿五年半，必須申請「換照」才能繼續經營。此時除了準備先前的資料，也要和ＮＣＣ說明電視台未來的經營方向。

而中天電視台這次的爭議，就是卡在「換照」這關。

二〇一四年的中天

我們先來回顧再前一次的中天換照爭議。

二〇一四年，ＮＣＣ審查委員會認為中天新聞台「對於涉己事務之處理不夠謹慎」、「無法確認能善盡新聞媒體的整體社會責任」、「雖已建立相關機制，認定中天在執照期間表現違反相關規範情節嚴重」等事由，讓中天有條件換照。

ＮＣＣ要求中天在換照半年後，提報具體執行情形，並將執行狀況納入評鑑及換照之重點審查項目。

二〇二〇年的中天

即使ＮＣＣ條件都開清楚了，然而，中天電視台遲至二〇一九年才聘請獨立審查人。

二〇二〇年，中央流行疫情指揮中心指揮官陳時中在三月二十六日的記者會上提醒：「未來的確診數會持續增加，要過八天以後才會逐漸平息。」中天新聞台卻以「封台倒數六天」為題進行報導，再次引發爭議。

事後，中天電視倫理委員會檢討認為，這則新聞「起心動念沒有惡意，發現錯誤而立即更正，這是應該堅持的媒體態度和理念，也符合《衛星廣播電視法》的法律規定，也懲處相關人員，並會加強新聞的編審」。

根據《衛星廣播電視法》規定，製播新聞不得違反事實查證原則，致損害公共利益，而在衛星廣播電視內部的自律規範機制調查後作成調查報告，提送主管機關審議。

如果節目或電視公司違反《衛星廣播電視法》的規定，NCC有權對違反上述條文的節目、電視公司，處二十萬至兩百萬元的罰鍰，並可以令其停止播送該節目或廣告。

自從二〇一四年中天換發執照以來，中天遭NCC開罰的案件數及金額遠遠多於其他新聞頻道，裁罰金額已經高達一千一百五十三萬元。這些被裁罰的事件，包括違反事實查證十二件、妨害公序良俗五件、妨害兒少身心健康四件、節目廣告不分二件、違反兒少法一件、營運不善一件。

NCC認為，中天在二〇一八年評鑑後，整體內控和自律機制嚴重失靈，累積大量違規，倫理委員會對於觀眾的投訴也無法做出實質有效的討論；而教育訓練亦與新聞專業無關，淪為表面工夫。電視台沒有遵守中天內部的相關倫理與製播規範。

此外，中天也沒辦法說明電視台要如何避免商城股東干擾。而且在聽證會上，董事林柏川和大股東蔡衍明等人的陳述，更直接證明了他們其實有直接或間接地介入新聞台的製播，明顯違反中天自己的新聞自主公約，但也未見新聞部主管表示異議，ＮＣＣ認為這代表著中天新聞台的營運不善。

其後，中天雖然提出了八點補充意見和改善的承諾，但都沒有直接回答如何排除股東不當干預的問題。ＮＣＣ最後認為，中天未能改善，因此依法駁回中天的換照申請。

NO
NCC

這是侵害新聞自由嗎？

二〇一一年，《蘋果日報》記者由於跟追拍攝行為，被依《社會秩序維護法》裁罰的關係，聲請大法官解釋。大法官在釋字第689號解釋中，關於新聞自由的意義，認為這是維持民主多元社會不可或缺的機制，也是憲法第11條言論自由的一環。不過，大法官也覺得，言論自由的保障並非無限上綱，國家可以在合理的範圍內限制言論自由，這也包括新聞自由。

許多人認為這次的換照事件是在侵害新聞自由，或ＮＣＣ的「政治追殺」。

如同我們前面提到的，ＮＣＣ是一個獨立機關，所有的組織、程序都有明確的法律規定，委員的組成也包括傳播法律、電信等等不同領域的專家，確保ＮＣＣ能做到最公正的處理；如果人民對於ＮＣＣ的處分不服，也可以直接向法院提起訴訟以獲得救濟。

當然政府不能任意干涉新聞內容，應該是我們覺得理所當然的事。但我們更應該思考的是，當新聞台握有更大的影響力時，卻甘願淪為財團的傳聲筒，抑或為黨政軍喉舌，服務對象從公民社會轉向特定利益團體，損害了公眾的閱聽權，這樣還會是我們想要的嗎？

我們更應該思考的是在訊息傳播速度倍增的今天，假新聞和假訊息對社會造成的傷害是不是也更深？也因此有人主張政府應該想辦法管制假訊息。

要如何在政府有效管制假新聞的同時又不過度侵害言論自由，恐怕不是一時半刻就能找到答案。回過頭來，民主社會最重要的機能仍是提升閱聽人的素養，並且擁有獨立判斷是非的能力，自然讓假新聞沒有見縫插針的餘地。

參考法條

Laws and Acts

《衛星廣播電視法》第18條

I 衛星廣播電視事業及境外衛星廣播電視事業之分公司或代理商於執照期間屆滿前六個月，應填具申請書及換照之營運計畫向主管機關申請換照。

II 主管機關受理前項換照之申請，除審查其申請書及換照之營運計畫外，並應審酌下列事項：

一、營運執行報告、評鑑結果及評鑑後之改正情形。

二、違反本法之紀錄。

三、播送之節目及廣告侵害他人權利之紀錄。

四、對於訂户紛爭之處理。

五、財務狀況。

六、其他足以影響營運之事項。

III 第一項之換照程序、審查項目、評分基準及其他應遵行事項之辦法，由主管機關定之。

參考法條

《衛星廣播電視法》第19條

主管機關經依前條第二項規定審查，認申請人有營運不善之虞，或令限期補正資料，屆期不補正或補正不全時，駁回其申請。

Laws and Acts

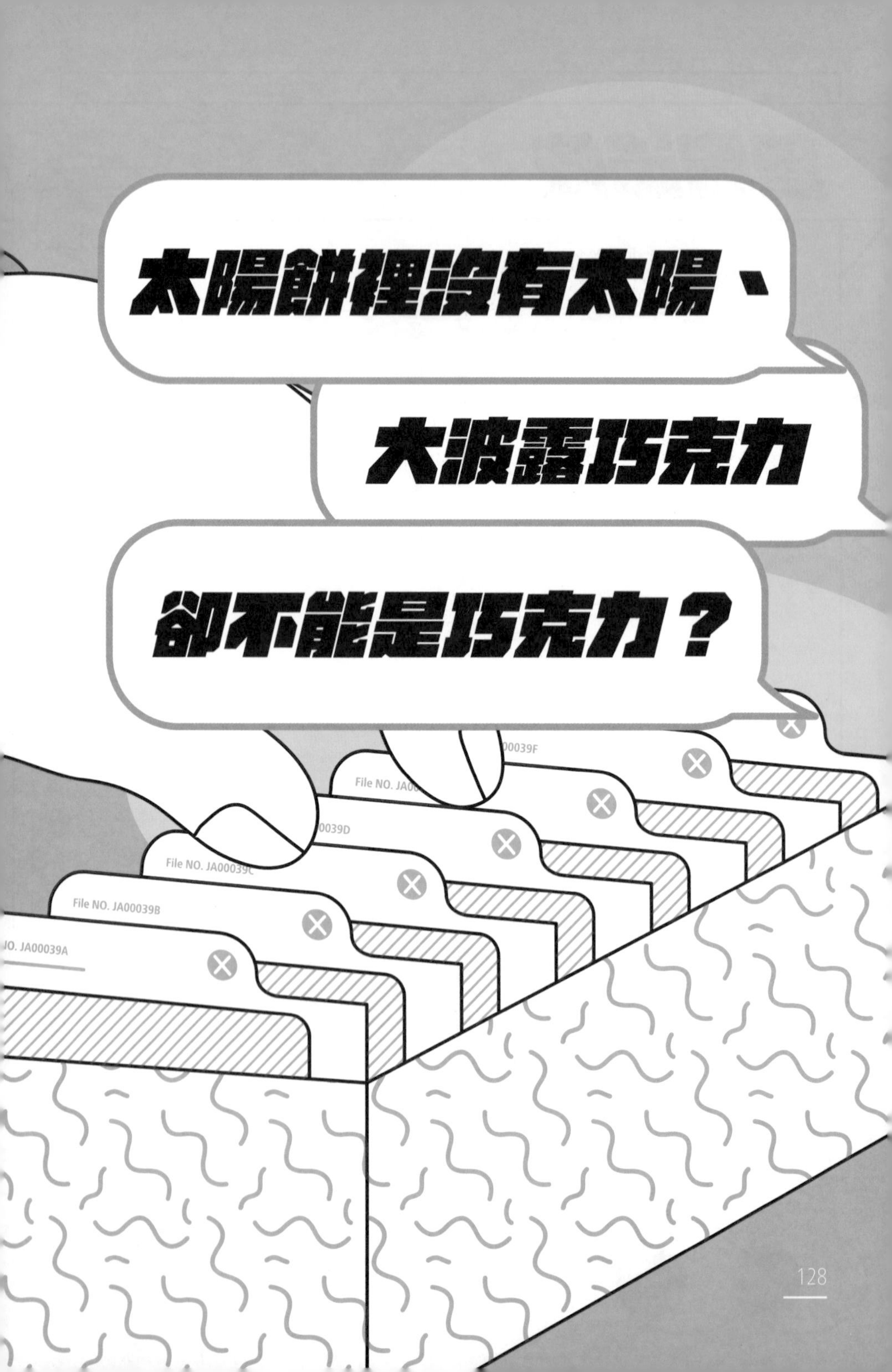
太陽餅裡沒有太陽、
大波露巧克力
卻不能是巧克力？
File NO. JA00039B

發生什麼事??

衛福部食藥署在二〇二一年修正《巧克力之品名及標示規定》，「含餡巧克力」的巧克力含量要達二五%，而如果植物油含量超過五%的產品，就不能叫做巧克力。

當時媒體報導，像是七七乳加「巧克力」、大波露「巧克力」等等，都不符合新法的要件，因此上路後就不能再稱呼它們為「巧克力」。

巧克力與不實的標示

如果沒有遵守規定，依食安法規定，屬於「不實、誇張或易產生誤解標示」，可處新台幣四萬至四百萬元的罰鍰。

「含餡巧克力」除了至少要有二五％以上的巧克力含量，產品名稱必須標示「含餡」、「加工」之類的字樣，像是金莎巧克力以後可能要改名金莎「含餡」巧克力。

法規也新增規定，「半固體型態或流體型態巧克力製品」，例如巧克力抹醬、巧克力糖漿，總可可固形物含量至少五％，或是可可脂至少二％。

原本法規規定，添加「植物油」取代可可脂未達五％的巧克力，必須標示「可可脂中添加植物油」；如果植物油超過五％，必須標示「代可可脂巧克力」，像是大波露巧克力因此改名叫做「大波露代可可脂巧克力」。

然而，修正後的法規刪掉了超過五％表示的規定，也就是說，未來超過五％植物油的產品，不能叫做巧克力，大波露巧克力以後就不能是巧克力了。

修法前的許多「巧克力」其實都與修法後的定義不符合。而這些不合規定的產品，如果沒有遵守新法修改的話，屬於未依法標示的產品，依照食安法規定，「不實、誇張或易產生誤解標示」，可處新台幣四萬至四百萬元的罰鍰。

類似的規定有很多，像是「米粉」與「炊粉」的差別；而以前俗稱「智利海鱸」的「圓鱈」、「大比目魚」的「扁鱈」，都會被當作「鱈魚」來賣，直到二〇一六年食藥署修正規定，只有「鱈形目」的魚種才能標示為鱈魚。如果違反這些規定，都是「不實、誇張或已產生誤解標示」。

為什麼太陽餅裡面沒有太陽？

巧克力裡沒有巧克力所以不能叫做巧克力，那沒有太陽的太陽餅呢？食藥署也有想到這個問題，因此在食品標示原則的公告上也有特別提到，「品名約定俗成」的產品，因為一般人可以理解食品中不可能含有品名提及的原料，或是國際中通用而翻譯的品名可以被民眾接受不至於產生誤解，就沒有問題。

而食藥署也直接說了：

「太陽餅」不含太陽，因為外觀長得像太陽所以約定俗成叫太陽。

「牛舌餅」吃不到牛舌，但外觀長得像牛舌，所以就這麼約定俗成了。

「鳳梨酥」雖然裡面是冬瓜餡，但也因為約定俗成的關係，叫鳳梨酥是沒有問題的。

「松露巧克力」吃不到松露，但外觀長得像松露，所以約定俗成叫松露巧克力。

「溫泉蛋」喝不到溫泉，「溫泉」是形容蛋黃、蛋白的凝固狀態，所以約定俗成叫「溫泉蛋」。

「熱狗」雖然吃不到狗肉，但國際通用直接翻譯，所以也沒關係。

!!
25%

我也是看法白
才想到

你一定會想到的頂新

最近幾年來因為食安事件不斷發生，大家也越來越重視食品安全。而提到食安法，就不能不提到這幾年來最有名的「頂新案」。

《食品安全衛生管理法》第49條規定，要拿去賣給別人吃的食品，如果「摻偽、假冒」或「添加未經中央主管機關許可之添加物」，可以處七年以下有期徒刑，併科新台幣八千萬元以下罰金。

根據最高法院的見解，只要你加了不該加的東西，或是該加的沒加滿，就有可能成立食安法第49條的「摻偽假冒」或是「添加未經許可添加物」罪。

頂新的其中一案被法院判決無罪定讞，當時也引發爭議。「為什麼賣假油可以無罪？」但是，為什麼會這樣呢，讓我們來說給你聽。

誰在賣假油？

大統公司的老闆高振利為了讓橄欖油幫他發大財，於是把他們的「百分之百純橄欖油」加入一堆有的沒的，甚至還添加吃下去很「毋通」的「銅葉綠素」，讓不純橄欖油看起來像純橄欖油，再拿這個橄欖油含量不到一半的「百分之百純橄欖油」去賣，比太陽餅吃不到太陽還扯。

最後在二〇一三年東窗事發，也引發了當年的台灣食安風暴。

這些不純橄欖油，其中一部分賣給了頂新屏東廠。頂新拿去加工以後出售，因此頂新幾個高階主管被屏東地檢署以違反刑法詐欺罪、虛偽標記罪、食安法摻偽假冒罪起訴。

這個案子的被告有四個：分別是「頂新製油公司」、頂新公司油脂課課長陳聰筆、頂新屏東廠廠長曾啟明，以及屏東廠品管組組長蔡俊勇。一審屏東地方法院分別判處頂新公司罰新台幣八百萬、陳聰筆有期徒刑兩年、蔡俊勇有期徒刑六月、曾啟明有期徒刑六月。

為什麼二審無罪？

全案上訴到智慧財產法院，智慧財產法院後來判決四名被告無罪定讞。

檢察官起訴的理由是，陳聰筆跟大統買油的時候，顯然知道大統的油不純，為了把這些不純油洗成純的，他請大統把這些油送到頂新的屏東廠檢驗。

另外兩名被告在檢驗的時候，明明發現風味和成分不符規定，但還是「假裝沒看到」這些不符規定的檢驗成果。最後這些不純油被頂新拿去加工販售。頂新賣了這些不純油加工品，也跟著標榜原料很純，因此發大財。

智財法院則認為，陳聰筆跟大統買來的油並沒有低於市場行情，而他老闆魏應充除了叫他要控制成本之外，也叫他要提升產品品質，因此，陳聰筆應該沒有以低價購買混油來降低成本的壓力。

另外，大統做不純油這件事，應該只有他家老闆高振利跟少數幾個員工知道（也就是商業機密的部分）。大統的不純油也沒比較便宜，邏輯上來說他們應該不會在賣的時候標榜品質比較差，但價錢一樣貴。

所以法院認為，沒辦法證明陳聰筆「明明知道油不純，還買來加工」。

曾啟明和陳俊勇的部分，法院認為，因為頂新針對原料品質的檢驗結果並沒有什麼問題（只是有一些還在能接受範圍內的誤差），他們兩個人應該沒有「假裝沒看到」一些不應該出現的數據，也沒有「假裝不知道」大統的這些不純油混進去了。

證據呢？

絕大部分的犯罪，壞人之所以是壞人，除了他「客觀上」做了壞事之外，「主觀上」也有個大膽的想法（想要做壞事，法律上叫做故意），這時候犯罪才有可能成立；壞人「主觀上」沒有故意，那就是過失，但如果這個行為不處罰過失，就代表犯罪不會成立。

到了《刑事訴訟法》，就要處理如何「證明」壞人真的很壞，除了有證據證明「就是他幹的」，還要想辦法證明「他真的這麼想」（故意），但在讀心術或時光機被發明以前，法院只能從檢察官提出的客觀證據，來判斷被告有沒有故意。

回到這個案子，法院的理由其實很簡單，雖然事實上頂新賣的油有問題，但是檢察官提出來的證據並沒有辦法證明這些被告「主觀上知情」，也就是沒辦法證明這些被告有「賣不純油的故意」，因此，只好判他們無罪。

當時無罪判決出來，許多人都覺得「賣假油還可以判無罪」而無法接受。但問題是，《刑事訴訟法》要求，要判一個人有罪，前提是證據必須能「近乎百分之百確定」被告就是這麼壞。

一旦沒辦法達到這個要求，法院就必須判決被告無罪。

如果證據不足，仍然被判決有罪，這樣的司法，恐怕既沒有人會相信，也值得我們好好反思。

參考法條

《食品安全衛生管理法》第22條第 1 項第10款

食品及食品原料之容器或外包裝，應以中文及通用符號，明顯標示下列事項：十、其他經中央主管機關公告之事項。

《食品安全衛生管理法》第25條第 2 項

前項特定食品品項、應標示事項、方法及範圍；與特定散裝食品品項、限制方式及應標示事項，由中央主管機關公告之。

Laws and Acts

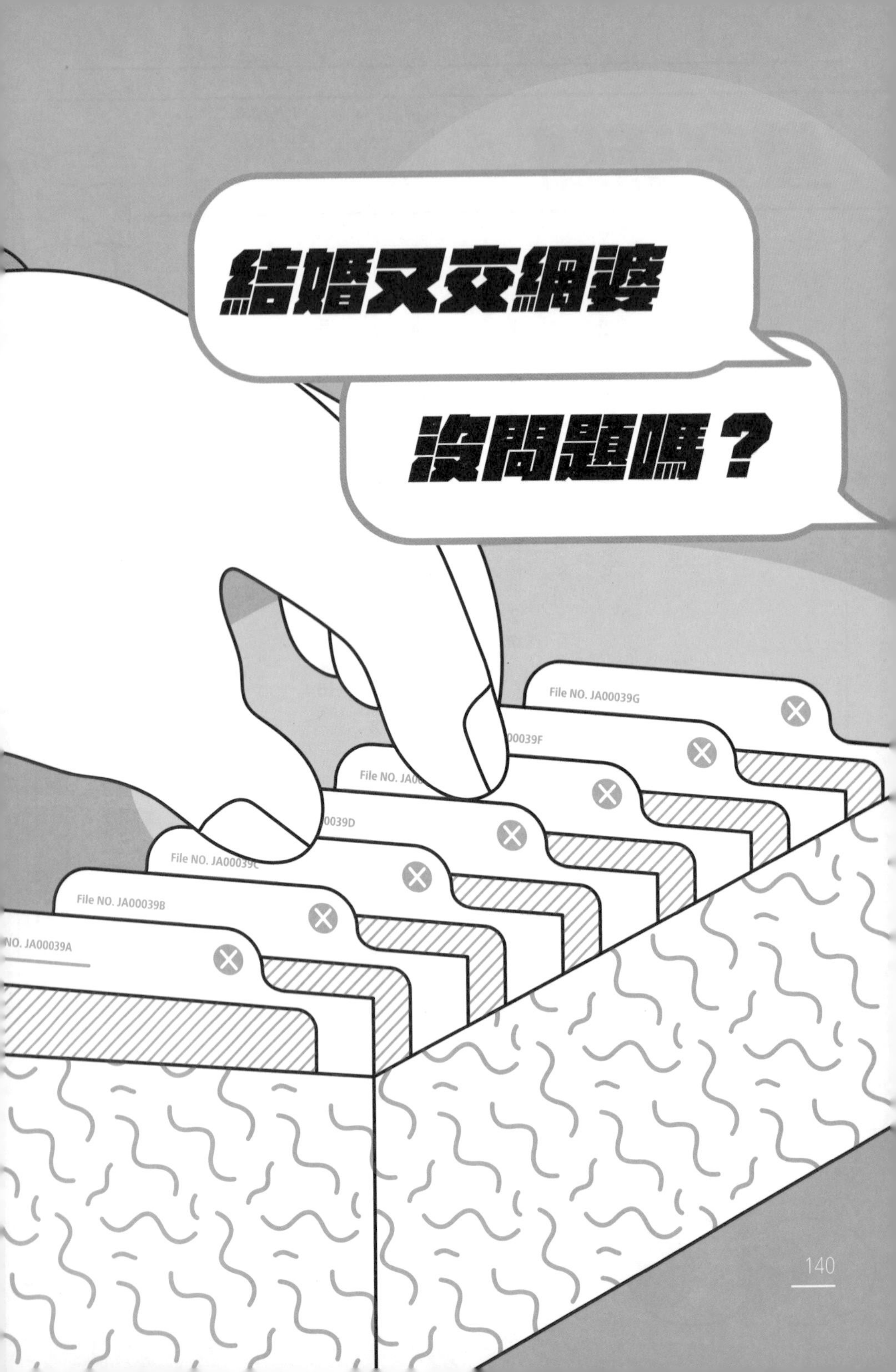
結婚又交網婆
沒問題嗎？
File NO. JA00039G
00039F
File NO. JA0
0039D
File NO. JA00039C
File NO. JA00039B
NO. JA00039A

發生什麼事??

許多人在遊戲中有所謂的「網公」、「網婆」，但是，如果在現實世界結婚了，再找網公、網婆，也是外遇嗎？台中地方法院給了我們一個肯定的答案。

小陳與小黃是一對夫妻，在二〇一一年結婚。後來，小陳在手機遊戲《完美世界M》認識了網婆小葉，也在遊戲裡結婚了。之後，他們從遊戲聊到LINE上，傳送曖昧訊息，並互相稱對方老公、老婆。

現實世界的老婆小黃知道以後，一怒之下把小葉告上法院，主張小葉侵害了她的配偶權，並請求小葉賠償新台幣八十萬元。

配偶權

結婚以後，配偶雙方都有所謂的「配偶權」，根據法院一直以來的見解，配偶權是：

婚姻的目的是夫妻雙方可以一起共同生活，所以配偶應該要盡力維持婚姻生活的圓滿安全跟幸福，對彼此誠實。

如果配偶不誠實，那便破壞了婚姻生活的圓滿安全跟幸福，違反婚姻契約的義務而侵害到他方權利。

精神出軌

被告小葉主張，遊戲裡的結婚只是可以讓寶物加成而已，她與小陳的訊息都是在討論遊戲，互稱老公、老婆也只是因為遊戲需要。

更何況她和小陳在現實世界中根本不認識彼此，也沒見過面，根本沒有什麼侵害配偶權的問題。

不過，法院看了他們的對話紀錄，早期呈現的真的只是普通網友而已，但後來開始以「老公」、「老婆」互稱，也有「別太想我嘿」、「夢中等你」、「真的有妳真好」、「有老公更好」之類的對話內容。

法院覺得這已經是精神外遇，因此不採信小葉「只是遊戲結婚關係」的說法。最後，法院參考兩造當事人的經濟能力以後，認為小黃要求的八十萬元賠償金額太高，因此判決小葉要賠小黃一萬元。

另外，訴訟費用的部分，原告小黃負擔 79/80、被告小葉只要負擔 1/80。

我也是看法白才想到

這樣可以請求離婚嗎？

依照《民法》的規定，最基本的離婚是「兩願離婚」，簡單來說就是雙方當事人講好就好了。

如果不幸要上法院解決，就必須符合一定的條件。像是結婚的對象其實已經跟別人結婚、和配偶以外的第三人性交、被惡意遺棄、對方有要殺害你的意圖時，都是可以向法院請求離婚的理由。

如果不符合《民法》所列舉的原因，但因為一些重大事由導致婚姻難以維持，也可以請求離婚，但只有責任比較輕的一方才能藉此請求離婚。

但在夫妻就婚姻發生難以維持的重大事由的責任程度相同時，則雙方都可以請求離婚。像是夫妻雙方分居多年，或是夫妻間有重大爭吵，都是常見的重大難以維持婚姻的離婚事由。

有一些案例則是主張習慣不同而請求離婚，像是睡覺打呼、磨牙、有汗臭味、家裡髒亂沒整理、衛生不好等等。但是僅有單純的生活習慣不合，很難讓法院判准離婚，必須說服法官這是「任何人」都難以忍受的「壞習慣」才可以離婚。

如果一方有精神出軌，法院通常也會認為這是造成婚姻難以維持下去的「重大事由」而判准離婚。雖然《民法》規定的法定離婚事由「通姦」，指的是發生肉體上的外遇，不過，法院判決也承認，發生「精神上的外遇」也足以讓夫妻之間失去信任，如果程度嚴重到讓婚姻走不下去了，就可以作為離婚的理由。

雲林縣有一對夫妻，上法院訴請離婚。原告主張，另一半婚後沉迷十八禁手遊（如：《我與七個老公》、《我的SSR戀人》、《後宮遊戲》）及言情小說（如：《色閻王》、《離婚真好》、《吃你上了癮》、《包養老公》、《偷偷摸上床》、《處女日

記之躁女十八》、《離婚快樂》），導致精神出軌，且都不整理房間，又喜歡亂花錢等等。

但另一方則反駁，他是有在看小說、玩遊戲沒錯，但他是一個免費仔，原告主張的遊戲和小說都要付費，他都沒看。此外，他看的小說都只是一般的言情小說，並沒有色情的成分；遊戲也都只是免費的戀愛遊戲，而且是自己在跟電腦程式玩，絕對沒有什麼精神出軌的問題。

經法院調查後，認為被告玩的遊戲、讀的小說都是合法的內容，也沒有藉此產生婚外情，屬於個人自由，更不可能有「精神出軌」的問題。至於不整理房間、揮霍錢財等等，法院認為原告只有片面之詞，無法證明被告真的長期有這些問題。因此認為這些理由都不成立，駁回原告離婚的請求。

離婚後太快再婚，爸爸會變多？

過去《民法》規定，女性離婚半年內，除非在這段時間內有生小孩，否則不能再婚。會這樣規定的理由是避免離婚後馬上再婚，因為依據《民法》，受胎期間如果婚姻持續，會推定為小孩的「生父」，但如果時間抓得準一點，在前後任都有可能受胎的情況下，那麼前後任都會「依法」被推定為小孩的生父，產生了不必要，而且會讓大家很混亂的法律關係，簡單來說就是怕「爸爸變多了」，因此制定了禁止女性離婚後太快再婚的規定。如果再婚違反規定，前夫還可以向法院請求撤銷前妻的再婚。

放眼望向世界其他地方，義大利規定女性離婚三百天之內禁止再婚，但如果「已生產」或「婚姻解消前三百日沒有同居」，並受法院許可再婚，則例外可於三百天內再婚。泰國的限制則更為嚴格，女性需歷經三百一十天方可再婚，但如符合「再婚禁止期間中已生產、和前婚配偶結婚、具有證明沒有懷孕的醫師證明書，或具有法院許可」等例外條件，仍可再婚。

一九六〇年代以後，基於婚姻自由的保障，這些國家陸續決定廢除再婚禁止期間。台灣這樣的規定在一九九八年六月被刪除，立法院主要的理由是：現在醫學技術發達，以DNA進行血緣鑑定並不困難，並無血緣混淆之虞；即使馬上結婚、懷孕所生子女受前、後婚雙重婚生推定，也可提起確定生父之訴加以救濟。總之，用法律禁止離婚半年內的女性再婚，並不是一個好的解決方法。

世界上也有許多國家仍維持類似的規定。日本也有再婚禁止六個月的規定，二〇一五年，日本最高法院判決超過一百天的部分違憲。意思是離婚後一百天不能結婚可能會有兩個爸爸所以不違憲、一百零一天就不會有兩個爸爸所以違憲。

這樣的規定，聯合國也看不下去。聯合國「消除對婦女歧視委員會」也曾經發布報告指出「日本民法依然禁止女性在一定期間內再婚」，要求日本政府完全廢除這項規定。

參考法條

《民法》第1052條

I 夫妻之一方，有下列情形之一者，他方得向法院請求離婚：一、重婚。二、與配偶以外之人合意性交。三、夫妻之一方對他方為不堪同居之虐待。四、夫妻之一方對他方之直系親屬為虐待，或夫妻一方之直系親屬對他方為虐待，致不堪為共同生活。五、夫妻之一方以惡意遺棄他方在繼續狀態中。六、夫妻之一方意圖殺害他方。七、有不治之惡疾。八、有重大不治之精神病。九、生死不明已逾三年。十、因故意犯罪，經判處有期徒刑逾六個月確定。

II 有前項以外之重大事由，難以維持婚姻者，夫妻之一方得請求離婚。但其事由應由夫妻之一方負責者，僅他方得請求離婚。

為什麼不能罵人？

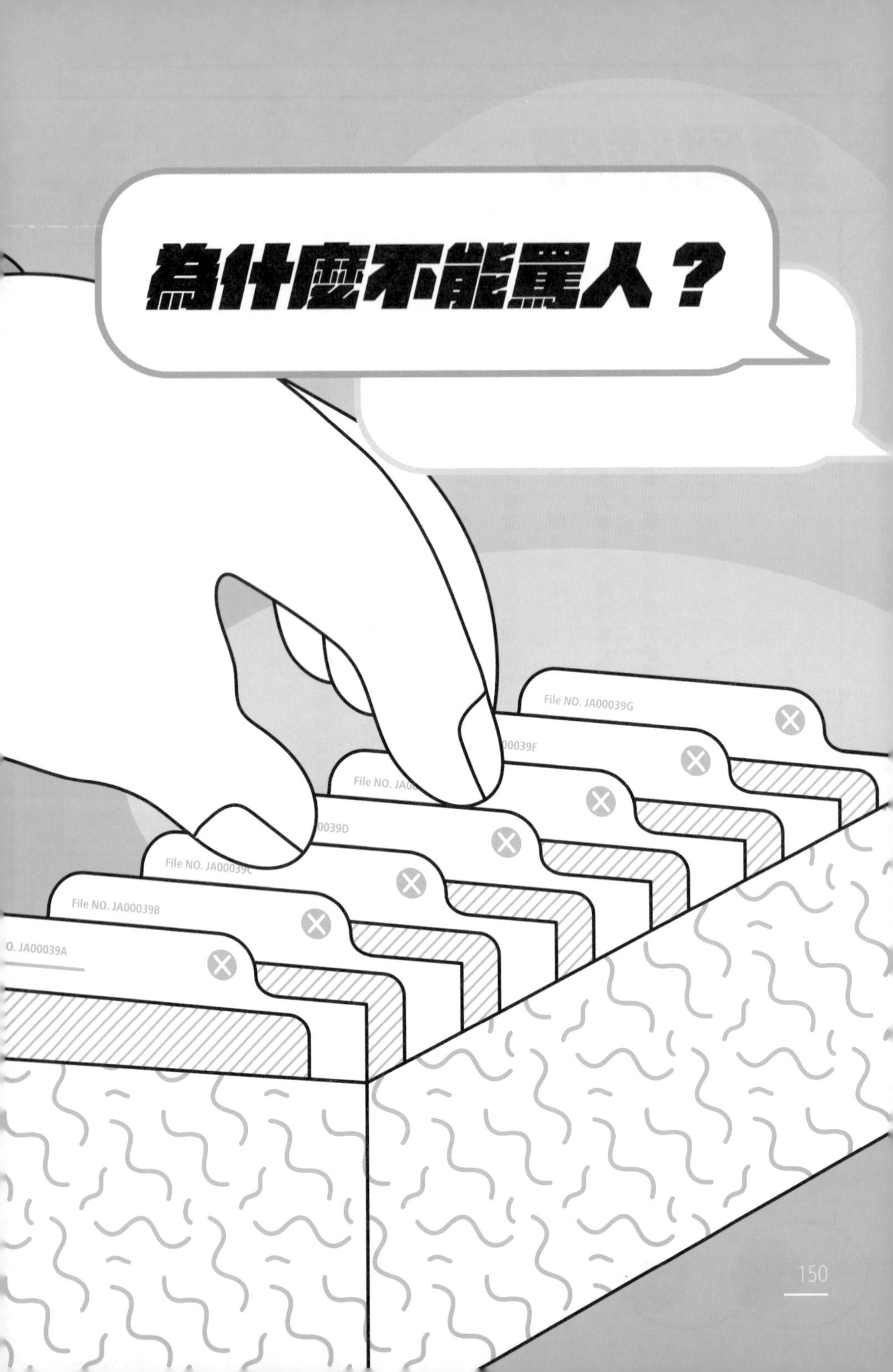

發生什麼事??

T是某個公寓大廈管理維護公司的經理，二〇一九年某天，因為某個大樓主委要求更換管理組長產生爭執，T前往處理後，要求警察把現場所有人當現行犯處理。

這時在場的住户S說「那不是你認定的啦」，T回「你懂個屁啊」，S跟著嗆了一句「你懂個屁啊」，T於是罵了一句白痴，這兩個字害他被S告上法院。

一審獲判無罪，二審被改判有罪，後來T上訴到最高法院，被最高法院撤銷發回更審。

妨害名譽罪

刑法的「妨害名譽罪」有兩種：公然侮辱罪和誹謗罪。**公然侮辱罪指的是「抽象的謾罵」，誹謗罪指的是「具體的指摘」。**這是什麼意思呢？

誹謗罪

「誹謗罪」指的是用具體的言論去指摘別人。

跟公然侮辱罪的抽象謾罵不同，誹謗罪的具體言論，意思是這句話現實上有「存在的可能」，可以去檢驗他是否與事實相符。比如說你在某餐廳網頁底下留言「這家餐廳衛生非常差，廚師都一邊煮菜一邊幫老鼠挖鼻屎再彈進鍋子裡」，這就是一段可以去檢驗真實性的言論，假設店家沒有這麼做，你就有可能涉及誹謗罪。

公然侮辱

公然侮辱罪，是指用粗鄙的言語、圖畫、動作等方式罵人。所謂的「侮辱」必須是直接用抽象的言語罵人、嘲笑或其他貶低別人的行為。

也就是難以檢驗言論是不是與事實相符的，普遍會算是侮辱的範疇。像是白痴、蠢蛋這種罵人的詞彙，很難界定到底人要笨到什麼程度、做了什麼傻事，才會算是白痴、蠢蛋，因此無法檢驗罵人白痴、蠢蛋到底是不是符於事實，那使用這樣的字眼來罵人就可能會構成公然侮辱。

而公然的意思是「不特定多數人」或「特定多數人」能看到聽到，跟Facebook開地球不太一樣，所以即使你貼文鎖好友（除非你真的沒朋友），還是會落入所謂「特定多數人能看到」的「公開」。

而且在這個截圖比刪文還要快的時代，曾經有法院判決提到，雖然被告的貼文鎖好友，但馬上就有人截圖傳給當事人看，顯示訊息傳播的速度快到無法擋。

回到前面的那個故事，最高法院認為，公然侮辱罪的存在，是「名譽權」與「言論自由」之間的衝突。所以在認定的時候必須在兩者之間衡量，決定誰該退讓。不能直接用「粗鄙、貶抑或令人不舒服之言詞＝侵害人格權／名譽＝侮辱行為」這種簡單的連接方式，否則會有違憲的可能。

那麼，要怎麼衡量呢？最高法院提出了兩個階段的判斷方式：

1. 詮釋行為人講出這句話的意涵。

2. 再從言論自由與限制言論自由所要保護的法益之間進行利益衡量。

最高法院提到，在第一階段的詮釋，不能斷章取義，要對於事件脈絡、雙方關係、語氣、語境、語調、連結的前後文句及發表言論的場所等整體狀況綜合觀察，並應注意該言論有無多義性解釋之可能。

什麼是多義性解釋呢？最高法院提到，像是「幹」除了侮辱別人之外，可能還有這些用法：

作為與親近友人問候的發語詞，像是：「幹，最近死到哪裡去了？」

作為宣洩之詞，像是：「幹！真衰。」

第二階段，要把與個案有關的一切世事納入考量，像是被害人挑釁，而以言語回擊，屬於人性的自然反應。畢竟「相罵無好話」，且各種負面詞語粗鄙、低俗的程度不一，不是全部都構成公然侮辱。在這種情形，被害人就應該要更能忍受。

換句話說，這種客觀判斷，必須從第三人的角度來看，是不是貶損被害人的人格或人性尊嚴，而且到了難以忍受的程度，來決定退縮言論自由的保障到名譽權之後。

因此，二審法院判決的時候沒有用上面的標準檢驗Ｔ罵出「白痴」的語境，最高法院認為判決違法，因此撤銷發回更審。

我也是看法白才想到

誹謗罪為什麼合憲？

妨害名譽罪要不要廢除，一直是法律界爭論不休的問題。

主張廢除的人認為，妨害名譽罪是用刑法來管制言論，已經過度侵害言論自由。

在過去，誹謗罪曾經被送上大法官解釋，請求大法官宣告違憲。但是大法官最後給我們「誹謗罪合憲」的結果。

大法官說，言論自由的目的是「實現自我、溝通意見、追求真理及監督各種政治或社會功能得以發揮」，固然很重要，國家也應該要給予最大限度的維護。但相對地，在兼顧對個人名譽、隱私及公共利益的保護，法律不是不能對言論自由做出合理的限制。

而言論自由的限制手段，要直接採取刑事處罰，或單純只用民事賠償，還是要從各種因素綜合考量，不能單純認為誹謗罪的存在就是違憲。大法官也覺得，如果只有民事賠償，可能造成「罵人只要賠錢了事就好」的觀念，使得有錢人就肆無忌憚地罵人。

也因此，誹謗罪的存在，其實就是為了保護個人在法律上的利益而存在，並沒有違反憲法的規定。而新法也規定，如果基於善意發表言論，而有以下原因，不罰：

一、因自衛、自辯或保護合法利益。

二、公務員因職務而報告。

三、對於可受公評之事為適當評論。

四、對於中央及地方會議或法院或公眾集會記事，而為適當載述。

為了讓公然侮辱罪違憲而罵人？

二〇一八年，《博恩夜夜秀》的主持人曾博恩，在節目上探討公然侮辱罪的問題，因此在舞台上故意辱罵JiM，想藉此聲請大法官解釋。

接著，JiM就向法院對曾博恩提起自訴。不過，法院沒有如博恩所願判他有罪。法官採取了一個不太一樣的見解，判決書中提到，公然侮辱罪並不全然違憲，在合於憲法的解釋方法下，法官認為公然侮辱罪的成立，必須限縮在「侵害人性尊嚴的普遍性社會名譽」的前提下才成立。

而博恩之所以罵人，是為了挑戰公然侮辱罪的合憲性，於是在節目中邀請JiM出場，挑明要公然侮辱他。此時JiM呈現「雙手展開，眼睛看向鏡頭，面部微笑」的肢體語言，而博恩罵到一半，還說「喔，對不起這個不會有事對不對，這個不會有事情」，接著JiM又拿出自訴狀，表示將對博恩提起自訴。法院基於這段話，認為雙方當事人只是在配合演出，畢竟他們的目的是想要藉由訴訟過程中法官可以裁定停止審判並聲請釋憲，進而達到挑戰公然侮辱罪合憲性的目的。

也就是說，博恩罵人的時候並不是真的想要對JiM的個人人格指責或謾罵，很難認定他有「公然侮辱」的故意，最後判決博恩無罪。

Jim

刑法還有管什麼言論？

一九七六年，台灣作家郭壽華，以筆名「干城」，在他發行的《潮州文獻》半月刊以「韓文公蘇東坡給與潮州人的觀感」為題寫了一篇文章，其中有一段寫道：

韓愈為人尚不脫古文人才子怪習氣，妻妾之外，不免消磨於風花雪月，曾在潮州染風流病，以致體力過度消耗，及後誤信方士琉磺鉛下補劑，離潮州不久，果卒於琉磺中毒。

文章刊出後，韓愈的第三十九代孫韓思道非常生氣，覺得他的超級曾祖父名譽受損，於是提起自訴，主張郭壽華涉嫌犯「誹謗死者罪」。

刑法第312條第2項是這麼規定的：「對於已死之人犯誹謗罪者，處一年以下有期徒刑、拘役或一千元以下罰金。」

韓思道為了證明他真的是韓愈的子孫，拿出了《韓氏家譜》、《韓文公後裔家族世系表》。當時的警大圖書館有一本《河南省孟縣誌》，也真的記載「韓思道是韓愈的第三十九世孫」。另外，韓思道也提出「韓文公後裔世襲翰林院五經博士關防」，法院請故宮鑑定後，確認是真品。

綜合這些證據，法院認定自訴人韓思道真的是韓愈的第三十九代子孫。

被告郭壽華則主張，「風流病」兩個字不是現代的「性病」，而是指中國古代文人的浪漫習氣。不過，法院認為，「染風流病」會讓一般人有個大膽的想法，郭壽華不可能不知道這件事，所以認定郭壽華有誹謗韓愈的故意。

一九七七年，台北地方法院判決郭壽華有罪，處罰金三百元。郭壽華不服上訴，也被高等法院駁回，全案確定。

法院的判決，邏輯上來說沒有錯，因為刑法真的就這麼規定。

不過很多人可不這麼想。

當時著名的法學者薩孟武投書《聯合報》質疑，「韓思道是不是韓愈子孫」這件事在法律上的正當性。畢竟韓愈也死了一千多年，在這一千年間的中國動亂非常嚴重，傳到韓思道手上的族譜，可靠性非常值得懷疑。

薩孟武更質疑，「直系血親」的認定，必須要有醫師開立的證明文件。韓思道手上的家譜，是一九一三年編修的，上面甚至還註記「自唐迄今千有餘年，屢遭兵火，家譜無存，相傳文公二十四代孫玉珍」，因此韓思道到底是不是韓愈的「直系血親」，就更值得懷疑了。

撇除這些，侮辱死者罪是一九三〇年代制定的法律，目的是保護「遺族或社會對先人的虔敬情感」，字面上來說，死了一千多年的太祖當然是法條規定的「先人」，如果被侮辱或是誹謗，子孫提告似乎沒有什麼問題。

刑法管制言論真的好嗎？

從上面的三個犯罪類型，都屬於刑法管制言論。對言論自由有一定程度的侵害。但這樣的侵害是不是太過分了——也就是這些犯罪的存在，有沒有違憲的問題，有沒有用刑法來處罰的必要呢？

妨害名譽罪在實務上反而成了「以刑逼民」的手段，而且每個人的感受不一，導致很多案件最後都變成個案判斷，反而造成了規範不明確的問題。而或許你敬愛的先祖被人罵了，你當然會難過，但有必要用刑法處罰嗎（就別說是一個差一千年的祖孫）？

這都是非常值得思考的問題。

PART 2

我也是看法白才知道的不公不義

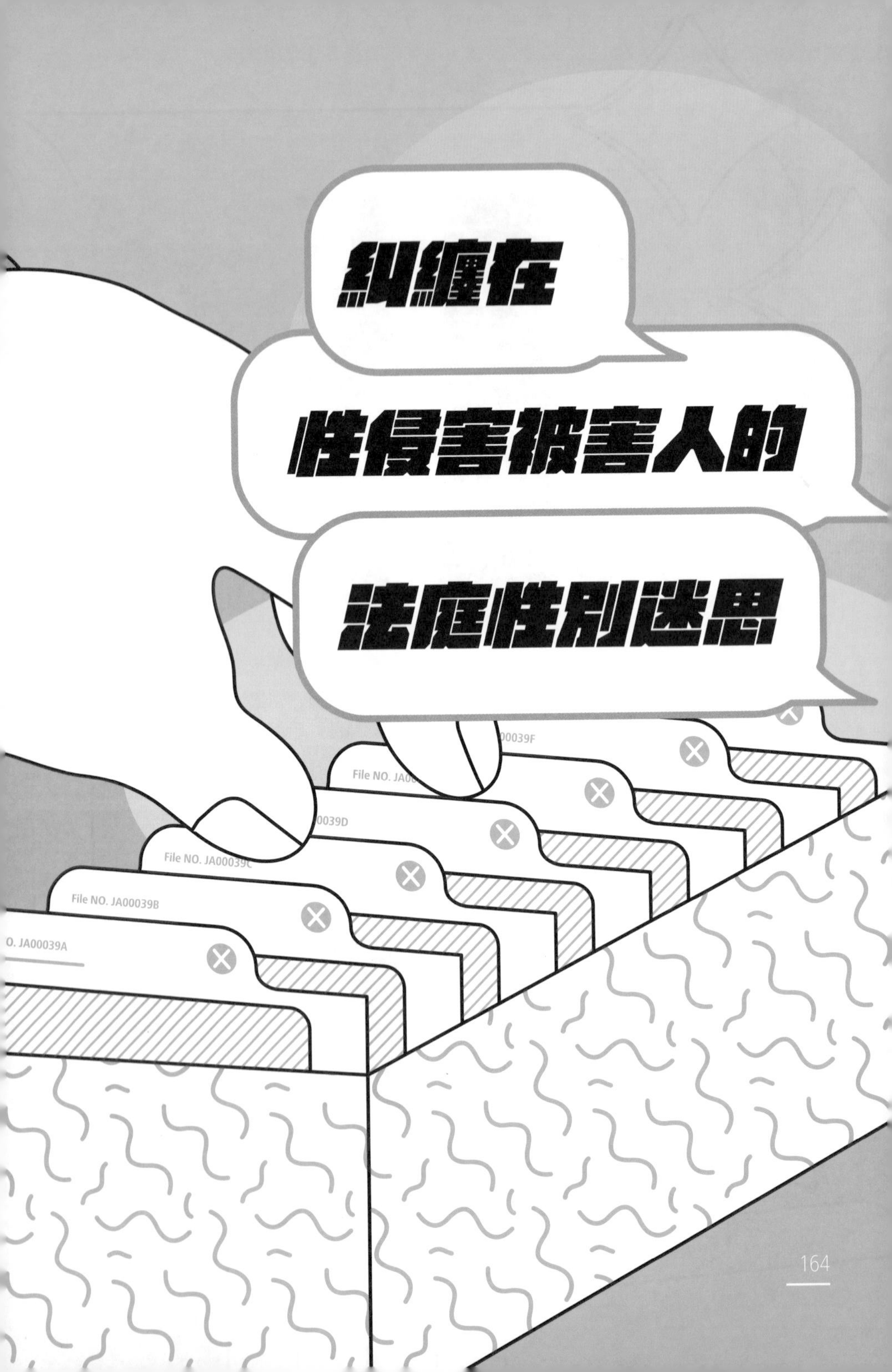
糾纏在
性侵害被害人的
法庭性別迷思
File NO. JA00039C
File NO. JA00039B

發生什麼事??

律師在進行法律諮詢服務時，如果遇到未成年性侵案件的被害人，這些案件的共通點是，被害人幾乎都聲稱自己遭到「違反自身意願的強制性行為」，進而經由通報進入到司法程序中。

然而，性侵害犯罪的證據並不易留下，大部分的性侵被害人並不會立即報案，而是選擇先隱忍消化自己的情緒，再等待適合時機並挑選值得相信的人揭露被害情節，因此客觀跡證早就隨著延宕報案時間而消失。

在沒有客觀跡證的情況下，當被害人走到了法庭中試圖控訴被告有強制性交的犯行，檢察官或是法官多陷入一個兩難的困境中：一邊是指證歷歷的被害人，一邊是聲稱無辜的被告。

發生什麼事??

在這樣的困境中，司法實務在運作上，就會從被害人的事後反應檢討是否符合「經驗法則」中所謂「典型的被害人反應」。

然而在「檢視」被害人被害後之反應時，檢視者經常受到父權文化的影響，而對於「理想的被害人」有著諸多「想像」，而期待所有的被害者角色必須依照特定的模式行動。

若自己稍微偏離了被期待的角色，就會遭主流社會質疑為異常，這樣的文化一旦進入性犯罪的審判中，就會出現了許多審判上的「性侵害迷思」。

受性侵害迷思影響的審判文化

好的被害人受過良好的教育，並且善於表達。她們必須有適當的魅力，必須端莊且害羞，但不能夠軟弱到讓人覺得她易受操縱。她們應該要顯得憂鬱沮喪，卻不能讓人覺得沮喪得歇斯底里，必須是一種得體的沮喪。

——Alice Vachss

父權體制下，我們對性別賦予了一層社會性的意涵。在這樣的作用下，我們開始對被害人和加害人都有一定程度的想像：加害人可能是一個在深夜暗巷裡行跡猥瑣的陌生男性；被害人則應該是個好女兒、好妻子，而且貞潔、沉默、哀傷。

被害人在法庭中即會被仔細檢查是否符合被害人的形象，彷彿有著一張典型被害人清單一般，詳細確認著被害人是否有符合典型的被害人想像，如果被害人沒有辦法符合一定程度的典型被害人特徵，她就會逐漸被推向誣告者的地位，她的控訴就極可能無法成立。

但是這樣的既定想像是非常危險的。事實上，僅有少部分的性侵害事件發生在陌生人之間，大部分的性侵害犯罪是發生在熟識者之間，相當多的被害人表示加害人是她的親密伴侶、親屬、朋友、師長或是其他熟識者。

這類的性侵害犯罪中，鮮少會有被害人立即報案的情況，因為如果被害人決定報案，代表著她必須破壞原有的人際交往關係，她原本所熟悉的生活環境將會產生劇烈的改變。這個前提下，卻導致了社會對於此種性侵害案件控訴者的質疑：為什麼前後的陳述不一致？為什麼延遲報案？以及是否有其他不良的動機。

一般犯罪的報案過程中常會歷經數次的訊問程序，被害人會向警察、檢察官及法官重複陳述其遭遇，而檢察官或法官則經常會以重複的陳述是否一致作為衡量被害人可信度的重要因素。

當多個陳述中有不一致的情況，就會被挑出來而受到強烈質疑，進而認為這些不一致既然涉及了重大創傷，怎麼可能會搞錯或是忘記，這樣的質疑完全忽略了被害人通常會有因為混亂、害怕而產生陳述時的合理誤差。

另外質疑被害人遲延報案的動機則通常是植基於「被害人經常會同意發生性行為後再因為其他勒索、忌妒、逃避等理由而誣告性侵害」的迷思。直觀來說，完美的被害人想像中，若遇到不同意的性行為，必須死命地抵抗、抵抗後也要留下傷痕，表示曾經發生的抵抗；又至少，被害人應該保持哀傷。

若有任何一個缺失，不符合「完美受害人」的人物設定，多數人就會開始質疑被害人的真實性。

這種現況使得社會否認並且輕視性犯罪的發生，更會造成被害人不願意報案而讓性侵害犯罪不斷地惡性循環。

律師的無奈

司法機關當然在這幾年有為了性侵案件做出改變，但律師工作遇到類似案件時，仍偶爾會聽到司法人員對於被害人說出：「妳不覺得妳這樣很隨便嗎？」、「妳當時說不要的時候是很生氣地說不要，還是像Ａ片那樣邊笑邊說不要？」、「男生（教練）跟男生（學生）一起洗澡不是很正常嗎？」、「為什麼當時不向旁人求救？」這類的言語，這代表著司法實務仍很大程度受到上面提到的性侵害迷思影響。

當然，在無罪推定的概念之下，必然會產生衝突，但是司法程序不應該成為被害人傷口癒合的阻力。

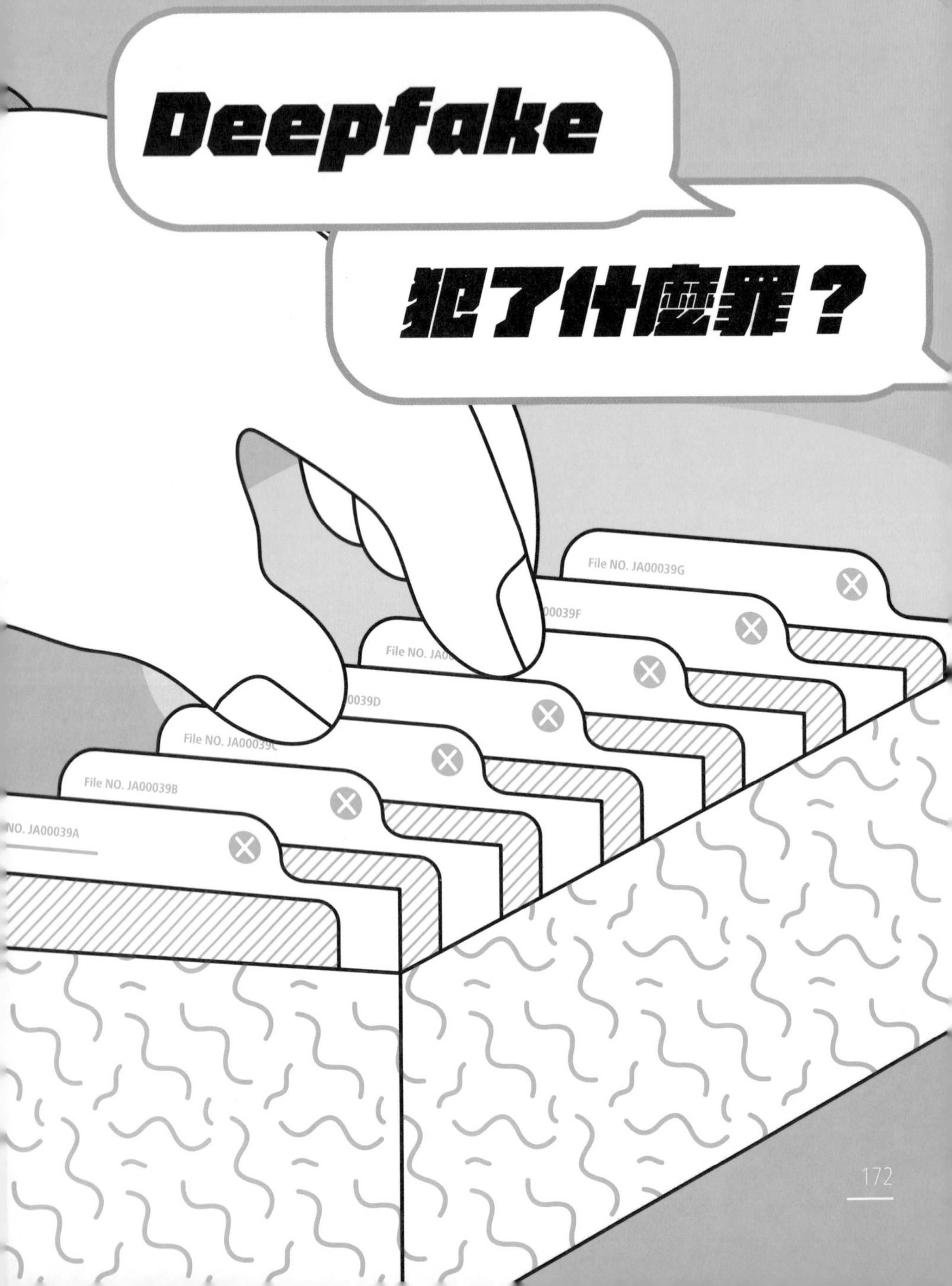
Deepfake
犯了什麼罪？
File NO. JA00039G
File NO. JA00039C
File NO. JA00039B

發生什麼事??

二〇二〇年，在Telegram上出現「台灣網紅挖面」群組，透過Deepfake（深偽）技術將許多網紅、YouTuber、民意代表「換臉」到AV上面，受害者多數為女性，且這類影片在網路群組中提供會員付費下載，獲取鉅額的不法利益。

製作、散布這類的影片，會構成什麼樣的犯罪呢？

妨害名譽罪

妨害名譽罪包括公然侮辱罪以及誹謗罪，前者是抽象性的謾罵，後者則是具體的指摘。Deepfake 影片雖然沒有直接羞辱性的內容，但透過把被害人的臉置換到AV的內容中，也足以表示羞辱的意思，且會讓被害人感受到極大的痛苦以及名譽上的損害，所以有可能成立公然侮辱罪；另外製作以被害人為主的虛偽影音，又涉及性交、裸露的畫面，普通人也難以分辨真偽，會嚴重影響被害人的名譽以及社會地位，也有可能會成立誹謗罪。

此外，若藉由文字、圖畫等方式毀損他人名譽，還會成立「加重誹謗罪」。

散播猥褻物品罪

製作、散布色情影片，另外可能成立刑法第235條「散布、販賣猥褻物品及製造持有罪」（在這裡先不談「散播猥褻物品罪」是個多麼陳舊、不合時宜的法律）：

散布、播送、販賣猥褻文字、圖畫、聲音、影像或其他物品（或公然陳列、以他法供人觀看閱覽、聽聞）；

意圖散布、播送、販賣而製造、持有以上文字、圖畫、聲音、影像等物品。

可處二年以下有期徒刑、拘役或科或併科九萬元以下罰金。

大法官曾經對「猥褻物品」給出了一個定義：指的是客觀上足以刺激、滿足性慾，且內容與性器官、性行為、性文化的描繪與論述聯結，並且必須引起普通一般人羞恥或厭惡感而侵害性的道德感情，有礙社會風化。

如果涉及兒童及少年的私密影像，依照《兒童及少年性剝削防制條例》第36條第1項規定，可處一年以上七年以下有期徒刑，得併科新台幣一百萬元以下罰金。

個人資料保護法

「臉」算是一種個人資料嗎？

根據《個人資料保護法》規定，個人資料指的是任何足以辨識個人的資料，包括姓名、生日、特徵等等。也有法院判決認為，影片如果可以清楚看到一個人的臉部，並且足以辨識特定人，那就算是一種個人資料。

而個人資料的蒐集、處理及利用，原則上需要得到當事人本人的同意，僅當政府機關基於法定目的，或私人基於契約關係，或其他重要的公共利益時，才能在不經同意的前提下合理使用，但無論如何都不能侵害當事人的利益。

Deepfake 影片使用了能明顯辨識出被害人的臉部影像，且這些影片的製作也不是出於任何的公益目的，依照個資法的規定，就要負起損害賠償的責任。而且，製作這些影片來盈利，會成立個資法規定的「非公務機關利用他人個資罪」，最重可處五年以下有期徒刑。

性騷擾

根據《性騷擾防治法》規定，性騷擾是指性侵害犯罪以外，所有違反他人意願所為，而且與性或是性別有關的行為。而這類「挖面」影片，將被害人放在 A 片裡，當然也算是一種性騷擾。

我也是看法白才想到

數位性暴力

行政院根據聯合國《消除對婦女一切形式歧視公約》，將數位／網路性暴力定義為：「透過網路或數位方式，基於性別之暴力行為。即針對性別而施加他人之暴力或不成比例地影響他人，包括身體、心理或性之傷害、痛苦、施加威脅、壓制和剝奪其他行動自由等。」並分成下列十種行為：

1. 網路跟蹤
2. 惡意或未經同意散布與性／性別有關個人私密資料
3. 網路性騷擾
4. 基於性別貶抑或仇恨的言論或行為
5. 性勒索
6. 人肉搜索
7. 基於性別偏見所為的強暴與死亡威脅
8. 招募引誘
9. 非法侵入或竊取他人資料
10. 偽造或冒用身分

外國的經驗

Deepfake 技術除了色情之外，如果用在散播虛假訊息上，更可能對民主社會帶來嚴重的傷害。被指控涉入台灣挖面群組的網紅小玉，就曾經在自己的 YouTube 頻道上發布了一支影片，示範如何運用 Deepfake 技術，製作了一個韓國瑜的影片。

如果，在投票前夕，有人利用 Deepfake 技術，製作了對手候選人的不實影片呢？

美國在二〇一九年通過針對 Deepfake 的法律，要求機關針對「外國政府或外國人使用 Deepfake 技術，對美國國家利益產生何種損害」提出評估報告。

維吉尼亞州也將「非法傳播或出售他人圖像」列為犯罪，處罰未經當事人同意，惡意傳播或出售他人裸露影像，且包括被重製、改變後，也可以從臉部或身體特徵辨識特定人的影片或照片。

德州、加州也有相關規定。德州在二〇一九年通過法案，規定選舉六十日內，禁止以惡意製作欺騙性的影片來損害候選人的聲譽；加州也在二〇一九年通過法案，允許因為造假影片而名譽受損的公職候選人，以及 Deepfake 色情內容的被害人提起法律訴訟。

從這裡也可以看得出來，美國除了數位性暴力問題之外，也意識到 Deepfake 技術帶來的虛假訊息威脅。

刑法的修正

比照現行刑法法條，與整體數位性暴力行為相比，能動用的法條都屬於輕罪。我們前面提到的各個可能成立的犯罪，無論是妨害名譽、散播猥褻物品，或是個人資料保護法罪名，都只是這個數位性暴力行為其中一部分剛好滿足了某個犯罪的成立條件，但並沒有任何一個刑法規定能針對數位性暴力行為本身。

讀到這裡你應該也不難看出，前面提到各個可能成立的罪名，其實都是迂迴地討論、拆解整個行為。也因此，在 Deepfake 挖面事件爆發後，法務部也宣布將修正刑法，以面對日益嚴重的數位性暴力。

二〇二三年三月，行政院院會通過《中華民國刑法》的修正草案。行政院版草案增訂「妨害性隱私及不實性影像」專章，強調「性隱私權」及「人格權」的保護。

附錄

根據法務部二〇二二年三月十日新聞稿，行政院針對 Deepfake 事件通過的刑法修正草案的內容包括：

1. 增訂未經他人同意攝錄性影像罪，最重處三年有期徒刑。若有散布之行為，處六月以上五年以下有期徒刑；若有意圖營利而散布之行為，處九月以上七年六月以下有期徒刑。
2. 增訂以強暴、脅迫攝錄性影像罪，最重處五年有期徒刑。若有散布之行為，處一年以上七年以下有期徒刑；若有意圖營利而散布之行為，處一年六月以上十年六月以下有期徒刑。

附錄

3. 增訂未經他人同意散布性影像罪，最重處五年有期徒刑。

4. 增訂製作或散布他人不實性影像（深度偽造）罪，最重處五年有期徒刑。若有意圖營利之行為，最重處七年有期徒刑。

5. 修正刑法第91條之1規定，就性侵犯之強制治療期間採定期延長而無次數限制。

資料來源：https://www.moj.gov.tw/2204/2795/2796/130008/post

法律能保護我們
免於被跟蹤騷擾的
恐懼嗎？
00039F
File NO. JA0
0039D
File NO. JA00039C
File NO. JA00039B
NO. JA00039A

發生什麼事??

二〇二一年四月八日晚間，屏東警方接獲民眾報案發生車禍，但抵達現場之後，卻發現相關車禍的當事人都不在現場。警方詢問了目擊者與附近居民，才知道肇事者已將受傷的被害人載離現場，但是當進一步到各醫院探詢就醫情況的時候，卻遍尋不到傷者。經過漏夜偵辦，並通知黃姓當事人到案，警方最終在一處空屋發現已無生命跡象的曾姓女子，才發現這是一起假車禍真擄人命案。檢察官最後以涉犯殺人、強制猥褻等罪起訴黃姓嫌犯。

這起案件讓《跟蹤騷擾防制法》的立法爭議再度浮出檯面，許多人認為，這起案件的發生是因為嫌犯前階段的跟蹤騷擾行為「無法可管」，才會導致之後的憾事發生。

警政署則回應，類似的法律由於內容過於包山包海，一旦立法，在實務上卻很難避免「管太多」，一個不小心，警察執法可能會踩到「查水表」的地雷。

沒有專法的時候

在過去沒有專法的時候，面對跟蹤騷擾行為，只能透過刑法的恐嚇罪、強制罪來處理。然而恐嚇罪必須要行為人做出具體的恐嚇行為，許多跟蹤騷擾行為並沒有達到恐嚇行為的強度；強制罪的行為人必須有具體的強暴、脅迫行為，且使被害人做出沒有義務的事情或妨害被害人行使權利，然而許多跟蹤騷擾行為不只行為強度本身沒有達到刑法「強暴、脅迫」的程度，也不一定會造成被害人做出沒有義務的事，或妨害被害人行使權利的結果。

《家庭暴力防治法》雖然有規定跟蹤、騷擾行為，但只限於家庭成員之間，無法解決陌生人之間的跟騷行為。《性別工作平等法》、《性騷擾防治法》、《性別平等教育法》的規範略為狹隘，必須符合「具有性意味與性別歧視」或「與性或性別有關」之行為，無法完全涵蓋跟蹤騷擾行為。

二〇一五年，立法院修正《家庭暴力防治法》，加入所謂的「恐怖情人條款」。規定被害人年滿十六歲，遭受現有或曾有親密關係的未同居伴侶，施以身體或精神上不法侵害，準用家暴法訂定的保護措施，並能聲請保護令。這次修正，被認為是最接近跟蹤騷擾行為的修正，然而法律依然無法解決發生在陌生人之間的跟蹤騷擾行為。

前身：糾纏行為防制法

其實在第九屆立法院的第八會期時，行政院曾經提出《糾纏行為防制法》草案，但是在會期結束之前未能完成三讀，之後因為國會改選，基於「屆期不連續」原則的關係，法案胎死腹中。

根據行政院版本草案的定義，所謂的「糾纏行為」，是指行為人基於「愛戀、喜好或怨恨」，反覆或持續為下列其中一種行為：

1. 監視、觀察、跟蹤
2. 盯梢、守候、尾隨
3. 撥打無聲電話
4. 要求約會
5. 寄送物品
6. 出示有害個人名譽訊息
7. 濫用個資代購貨物

而這些行為，導致被害人「心生厭惡」或「畏怖」。

被害人在知道有糾纏行為起兩個月內報案，警察可以即時勸阻或制止行為人。調查後，如果認為糾纏行為確實存在，警察可以對行為人處「警告」或是新台幣一萬到十萬元的罰鍰。

如果行為人兩年內還有其他糾纏行為，被害人可以向法院聲請「防制令」，禁止行為人進行騷擾行為，如果違反防制令，可以處最高三年的有期徒刑。

但是，因為騷擾行為的定義真的太抽象了，所以可以發現草案的規定走「階段性介入」模式：先由警察機關裁罰、違反者再由法院核發防制令、再違反則要受刑罰制裁。

有人認為本次草案規範的行為定義太狹隘，其中列出的糾纏行為雖然看似廣泛，但現實案件中便有許多已造成受害者主觀上的害怕或厭惡，卻無法歸入草案分類的行為，例如：有異物癖好而不斷竊取他人衛生用品的人，似乎就無法受到《糾纏行為防制法》的規範。

另外，《糾纏行為防制法》以感情因素作為判斷標準之一，太過空泛且難以舉證，以及並未對糾纏行為處以刑罰，對於受到身心危害或是實際受到傷害的被害人來說，防治效果也有所不足。

警政署也在草案提出時表示希望能暫緩推動，主要是執行勤務的警員人手不足。且草案的定義過於空泛，若實際上路可能會增加許多的糾纏案件，現有警力無法負擔。且警察的權限到哪裡也是個問題，若過小恐怕無法達成目的、權力過大又有「查水表」的疑慮。

跟蹤騷擾防治法

二〇二一年中，行政院提出《跟蹤騷擾防治法》草案，立法院在同年年底通過，並在公布後半年實施。

根據《跟蹤騷擾防治法》規定，所謂的跟蹤騷擾行為包括以下八種行為，且行為必須違反被害人意願，並與性或性別有關：

1. 監視觀察
2. 尾隨接近
3. 歧視貶抑
4. 通信騷擾
5. 不當追求行為
6. 寄送物品
7. 妨害名譽
8. 冒用個資等行為

如果對特定的被害人反覆實施這些行為，且違反被害人意願，並且與性或性別有關，使得被害人感到害怕，而且到了可以影響被害人日常生活的程度，就會成立「跟蹤騷擾行為」。

法律規定，跟蹤騷擾行為可以處一年以下有期徒刑，且併科十萬以下罰金；若攜帶凶器，則可處五年以下有期徒刑，且併科五十萬元以下的罰金。

一旦發生跟蹤騷擾行為，警察可以立即展開偵查、拘捕或搜索行為人，或實行其他保護被害人的必要措施。此外，警察也可以立即透過書面的方式對行為人予以告誡。

如果書面告誡後兩年內再犯，被害人可以向法院聲請保護令，來禁止行為人繼續做出任何跟蹤騷擾行為；檢警也可以依職權主動向法院聲請保護令。保護令有效期間兩年，可以在屆滿前延長。

若違反保護令的規定，最重可處三年以下有期徒刑，或併科三十萬以下罰金。

最後，法院若進一步認為行為人實施跟騷行為或違反保護令的嫌疑重大，確認其有反覆實施那些行為的疑慮，還可對行為人施以「預防性羈押」。

日本的經驗

日本在二〇〇〇年制定類似的「跟蹤行為法」，施行二十年後，或許可以作為台灣未來的參考。

與台灣不同，日本對跟蹤行為的定義是：

1. 對特定人或特定人的配偶、親屬、密切關係者，
2. 出於戀愛、好感、怨恨等情感動機，
3. 進行尾隨糾纏、告知行動遭到監視、強求會面交往、明確之粗暴言行、連續通訊騷擾、寄送污物、名譽侵害、有害性羞恥心等八種行為。

日本跟蹤行為法以行為人是否有感情動機作為判斷標準，台灣則是以被害人是否有心生畏怖為標準。兩者的差異在於，日本參考的是行為人的動機，台灣則是以被害人的主觀感受為主。

過去日本的最高法院認為，跟蹤行為必須是在現場觀察被害人的動靜。例如裝設GPS遠端監控等等，似乎就不會滿足日本跟蹤行為法的規定。台灣跟騷法並沒有要求行為人是否「人在現場」，包括網路、電子通訊等等手段都包含在內，能否解決日本法的困境，也很值得觀察。

法律能讓我們免於跟騷的恐懼嗎？

即使法律三讀通過了，仍不免讓人擔心跟騷法定義的不明確。一個不小心可能打擊

過廣，原先立意良善的法律規範，可能變成限制人民權利的凶器。而這也可能導致第一線員警在執法時無所適從，使得法律的效果大打折扣。另外，法律一旦實施，意味著除了第一線員警負擔的業務勢必增加，一些因應新法所需配套的醫療、諮商與心理輔導，甚至法律協助也都要同時上路。

法律的產生，有時候是出自一些令人不希望發生的原因。過去鄧如雯案促成了《家庭暴力防治法》，彭婉如命案催生了《性侵害犯罪防治法》。在許多不幸事件發生後，我們有了《跟蹤騷擾防治法》。法律的制定並不代表台灣從此以後再也沒有跟蹤騷擾行為，而如何好好地讓法律發揮作用，也是我們接下來必須努力達成的目標。

參考法條

《跟蹤騷擾防治法》第 3 條

I. 本法所稱跟蹤騷擾行為，指以人員、車輛、工具、設備、電子通訊、網際網路或其他方法，對特定人反覆或持續為違反其意願且與性或性別有關之下列行為之一，使之心生畏怖，足以影響其日常生活或社會活動：一、監視、觀察、跟蹤或知悉特定人行蹤。二、以盯梢、守候、尾隨或其他類似方式接近特定人之住所、居所、學校、工作場所、經常出入或活動之場所。三、對特定人為警告、威脅、嘲弄、辱罵、歧視、仇恨、貶抑或其他相類之言語或動作。四、以電話、傳真、電子通訊、網際網路或其他設備，對特定人進行干擾。五、對特定人要求約會、聯絡或為其他追求行為。六、對特定人寄送、留置、展示或播送文字、圖畫、聲音、影像或其他物品。七、向特定人告知或出示有害其名譽之訊息或物品。八、濫用特定人資料或未經其同意，訂購貨品或服務。

II. 對特定人之配偶、直系血親、同居親屬或與特定人社會生活關係密切之人，以前項之方法反覆或持續為違反其意願而與性或性別無關之各款行為之一，使之心生畏怖，足以影響其日常生活或社會活動，亦為本法所稱跟蹤騷擾行為。

為什麼在國外的
台灣人，
沒辦法回台灣？
File NO. JA00039B
File NO. JA00039C

發生什麼事??

還記得Covid-19疫情爆發前的生活嗎？出國在外的遊子，想回家的話，一個任性，機票買好就可以踏上歸途。台灣永遠會張開雙手，歡迎每個回來的台灣人。

回台灣，就好像喝水一樣簡單。

但其實這樣的生活，不過三十幾年而已。

黃昏的故鄉

在過去，不管是要出國或是返國，都要經過內政部警政署入出境管理局申請許可。根據一九八七年《動員戡亂時期國家安全法》第 3 條規定，未經許可的人，禁止他出入境。

但有一些人是絕對要禁止他們入出境的，包括：

一、經判處有期徒刑以上之刑確定尚未執行或執行未畢，或因案通緝中，或經司法或軍法機關限制出境者。

二、有事實足認為有妨害國家安全或社會安定之重大嫌疑者。

三、依其他法律限制或禁止入出境者。

意思是，你能不能回台灣，都是政府說的算。

當時還有所謂的「黑名單」，全名叫做「中央政府遷臺後對政治異議人士採取不予核發簽證或禁止入境措施的管制人員名單」。

這份名單主要針對主張台獨、民主，或是同情左派及共產主義的人，以不予核發簽證或禁止措施的方式，使得被列在上面的人，面臨「有家歸不得」的處境，被迫在海外流亡數十年。

要怎麼知道誰在海外「不乖」呢？政府於是派了很多人，包括國安局、情報局、調查局，甚至是國民黨的海外工作會、留學生，都負責監控許多海外台灣人，定期跟政府報告這些人的言論、行動。

「黑名單」直到一九九〇年代，政府才開始研究要不要解禁這件事。一九九一年五月八日，行政院長郝柏村上給總統李登輝的一份簽呈中提到：

在臺灣地區原設有户籍，並持有中華民國護照之海外國人，未曾從事恐怖或暴力活動者得憑中華民國護照申請進入臺灣地區。來臺後應遵守中華民國之法令，如有違反者，應由有關機關依法處理。境管局即據此依照國安法及其施行細則第二十二條之規定，對在臺原有户籍之海外政治異議人士經審核後，本於行政裁量權限核准入境。

不難看出來，看似要「解禁」，但最後仍保留了境管局是否核准入境的手段。一九九二年七月二十九日施行的《國家安全法》第3條一律禁止入出境的規範加入了但書：如果你有妨害國家安全或社會安定的重大嫌疑，依然不能許可入境。但一九四九年以後沒有在大陸地區設籍，且現居於海外，而沒有實施足以認定你有恐怖或暴力的重大嫌疑，那可以例外讓你入境。

看似放寬了，但你在海外從事暴力、恐怖活動的話，依然不給你入境。不過這個標準要怎麼認定呢？顯然是境管局說的算。

於是，有個被拒絕入境的人，決定挑戰「黑名單」的規定。

像個台灣人一樣站起來

「最後一個黑名單」，是黃文雄。

一九七九年四月二十四日，黃文雄、黃晴美、鄭自才等人，在紐約市廣場飯店門口刺殺正在美國訪問的蔣經國。

黃文雄開了那一槍，但子彈從蔣經國頭上飛過，以致刺殺行動失敗。他被警方壓制時，大喊：「Let me stand up like a Taiwanese!」

為什麼一定要用刺殺這麼激烈的手段呢？黃文雄認為，當時的台灣在國民黨的嚴密統治之下，很難撬開任何一絲縫隙，因此必須刺殺蔣經國，讓國民黨出現權力真空，才有機會撼動嚴密的黨國體制。

之後，黃文雄展開了漫長的流亡生涯，他也被國民黨列為「黑名單」。

最後一個黑名單

直到一九九六年四月，黃文雄偷渡回台，並在五月的時候公開現身並發表聲明。

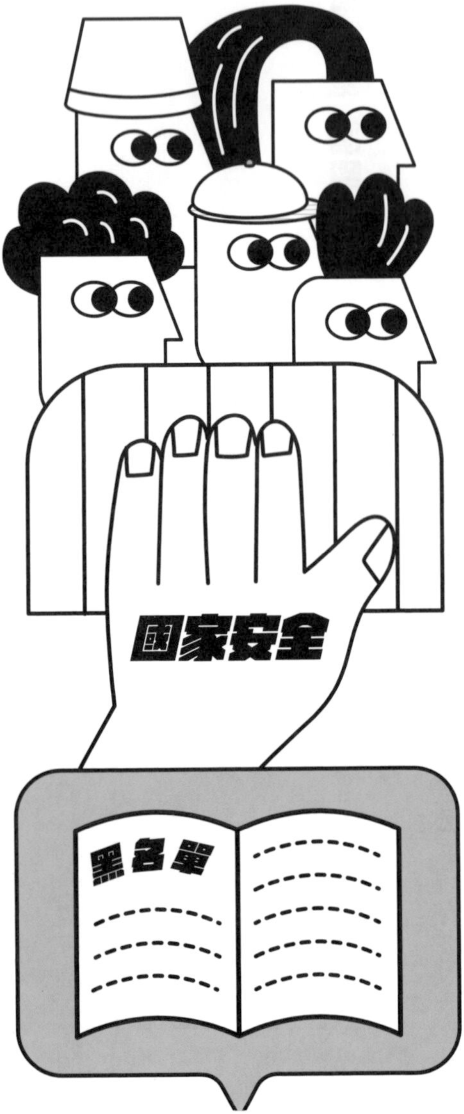

之後，他被檢方以違反《國家安全法》起訴，一審判處有期徒刑五個月。

當時的《國家安全法》第3條第1項規定，人民在入出境的時候，必須跟內政部警政署入出境管理局申請許可，未經許可，不能入出境。

如果違反相關規定，可處三年以下有期徒刑、拘役或併科新台幣九萬元以下罰金。

問題就出在「入境許可」的部分，即便是台灣人，如果未經許可，也不能回來，這條也是所謂「海外黑名單」的法源依據。

為什麼「回國」還要經過國家允許？未經允許還要被判刑？

大法官解釋

上訴到二審之後，高等法院也認為不合理，主張國安法相關規定違憲，聲請大法官解釋。

二〇〇三年，大法官審理之後做出釋字第558號解釋。

大法官提到，根據憲法第10條規定，人民有居住、遷徙的自由，因此人民自己決定自己要住哪裡、搬去哪裡、想要去哪裡旅行、入出國的權利，都是憲法第10條的保障範圍。

而人民是國家重要的構成元素之一，因此國家不能把人民排斥在國家的疆域之外。在台灣地區有住所、有戶籍的國民，想要回國的話，隨時都可以回來，不需要經過誰的許可。

但是，大法官也說，人民入出國的權利，並不是不能限制。在符合比例原則的前提下，還是可以用法律來規定。

《國家安全法》入境許可規定，沒有區分人民是否在「台灣地區有住所而有戶籍」，入境一律要經主管機關許可，甚至未經允許入境還要受到刑事制裁。

這樣的規定已經侵害了「國民可以隨時返回本國」的自由，大法官的理由是，人民是國家的基本構成要素，國家不可以任意把人民阻擋在國外。因此，《國家安全法》的規定在這部分被大法官宣告違憲，在台灣設有住所而有戶籍的國民可以隨時返國，不需經過許可。

不過，這號解釋還是有個未竟之憾：即使有「國籍」但沒有「戶籍」，偷渡回台的行為依然屬於違反《國家安全法》的行為，仍會受到刑罰制裁。

黃文雄就剛好屬於「沒有戶籍」的人。

大法官做出解釋後，高等法院繼續審判。法院認為黃文雄在回台時並無「戶籍」，因此不在大法官解釋提到的範圍內，「偷渡回台」的行為仍違反《國家安全法》，因此判處有期徒刑四個月。

後來，立法院認為相關規定違反憲法保障的遷徙自由及《公民與政治權利國際公約》，因此刪除《國家安全法》的相關規定，「黑名單」終於從台灣消失。

我也是看法白才想到

疫情之下的返國權利

二〇二〇年，中央流行疫情指揮中心公布「秋冬防疫專案」，在邊境檢疫部分，要求無論是本國還是外國旅客，都必須出示登機三天內的 COVID-19 核酸檢驗報告，否則航空公司可以拒絕載客，或指揮中心可以對旅客處新台幣一千到十五萬的罰鍰。

但這樣的措施，在當時也引發質疑：是否違反憲法、侵害人民的遷徙自由呢？

遷徙自由當然是人權，不過這並不包括外國人自由進出其他國家的權利。是否讓一個外國人入境，是國家主權行使的展現，因此在任何時期國家都可以不具任何理由拒絕一個外國人入境，原則上並不會有違反人權義務的問題。

但是拒絕本國人入境呢？

我們先來看看什麼是「本國」。根據聯合國人權事務委員會的解釋，所謂的「本國」並不局限於形式上的國籍，也包括因為與某國之間有特殊關聯或具有特殊權利，而不能被僅僅視為外國人的情況，像是因原國籍被恣意剝奪而長期居住在此國的無國籍人士。

但是返國的權利也並非無限上綱，國家不能無理地剝奪國民返國的權利，反過來說就是可以做出合理的限制，防疫需要或許可以作為合理限制的理由之一，不過仍然被認為要優先採取最小的限制手段。

另外，例如國家發生可能危及存亡的緊急情況，而正式宣布緊急狀態時，可以不用完全實施《公民與政治權利國際公約》規定的義務。但這個措施並不能引起純粹以種族、膚色、性別、語言、宗教或社會階級為由的歧視。

這幾年因為疫情的關係，許多措施根本上改變了我們的生活。但如何在人權保障與公共衛生之間抓到平衡點，並非容易的問題，但也是我們不能忽略的問題。

參考法條

《公民與政治權利國際公約》第12條

一、在一國領土內合法居留的人，在該國領土內有遷徙往來的自由及擇居自由。

二、人人應有自由離去任何國家，包含本國。

三、上列權利不得限制，但法律所規定、保護國家安全、公共秩序、公共衛生或他人權利與自由所必要……不在此限。

四、人人進入其本國之權，不得無理褫奪。

Laws and Acts

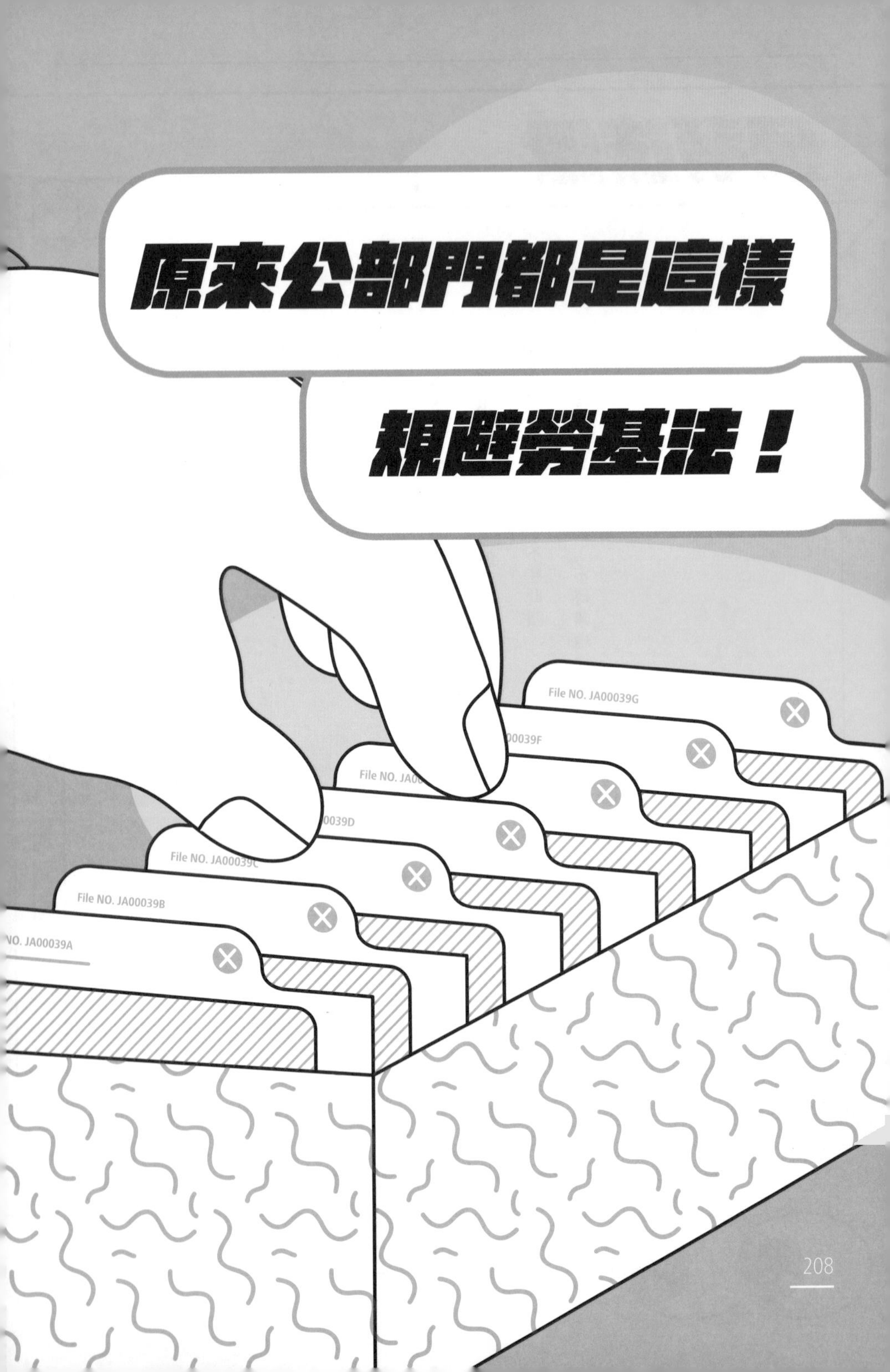
原來公部門都是這樣
規避勞基法！
File NO. JA00039G
File NO. JA00039C
File NO. JA00039B

發生什麼事??

你有沒有聽過這些名詞：勞動派遣、假承攬、約聘僱、專案教師。這些人看起來跟一般的勞工沒什麼兩樣，但是我們會看到新聞媒體用「非典型勞工」形容他們，到底是什麼意思呢？

所謂的「非典型勞工」，就是相對於「典型勞工」的概念。無論是《勞動基準法》、《勞工保險條例》等等法律，都是以典型勞工為出發點，因此不屬於典型勞工的非典型勞工，通常不能獲得完整的勞動法令保護，有些甚至完全被排除在勞動法律之外，因此產生「一國勞工，兩種制度」的奇怪現象。非典型勞工往往會遇到同工不同酬、無法參與集體談判、社會保障不足等問題。而且非典型勞工不受勞動法保護，因而成為雇主規避勞動法以節省成本的方法。

在台灣，常見的非典型勞動有哪些？

勞動派遣

勞動派遣最主要之特色為「僱用」與「使用」的分離。簡單來說，勞工先受僱於派遣公司，再由派遣公司指派到其他公司上班，我們將派遣勞工實際工作的公司稱為「要派公司」。

按照勞基法規定，雇主如果要解僱勞工，必須符合勞基法第11條及第12條的規定。

但在勞動派遣下，要派公司可以任意更換派遣勞工，無須任何理由，也不用負擔資遣費等人力成本，而正在工作的派遣勞工卻必須被強迫換工作，因而面臨勞動不穩定的窘境。

此外，派遣勞工的工作與正職員工多半相同，卻因為不是正職員工，往往面臨同工不同酬的不公平待遇。

二〇一五年，公共電視一口氣開除六名派遣工，引發工會抗爭。法院認定公視以「真僱用、假派遣」的脫法行為，規避雇主應負擔之相關責任，在法院認定公視與假派遣工之間確實存在僱傭關係之後，認為公視行使解僱手段時應回歸勞基法第11條之規範，因此判決公視非法資遣假派遣工，除應立即恢復其工作權，並須給付非法資遣期間的工資。

假承攬

只要不跟勞工成立僱傭關係，就不會適用勞基法，因此許多雇主想到另一個妙招，那就是在名義上跟勞工成立承攬關係，藉此規避勞基法及勞健保等規定及成本。

二〇一九年，監察院調查發現，原住民族電視台以「自然人承攬」之方式，與員工簽訂名為承攬、實為僱傭的契約，嚴重侵害員工勞動權益。該些原民台的勞務承攬人員實際工作內容和工作量與正職員工相同，但實質年薪資相較於正職員工短少十二餘萬元，且因無法適用《勞動基準法》，面臨勞保費、健保費、勞工退休金、端午中秋兩節獎金、年終獎金、考績獎金、特別休假、加班費、法定休假等權利及福利通通都沒有的困境。

政府機關約聘僱人員

政府機關受限於法規限制，正式公務員必須以國家考試進用，因此許多人力需求是透過約聘僱的方式來滿足，像是國稅局櫃檯人員、養工單位的道路養護人員、水利單位技師、交通單位路邊停車收費人員等等。

這些約聘僱人員從事工作與一般公務員沒有太大差別，卻因為不是正式公務員，因此沒有辦法享有跟公務員一樣的福利，而考試院卻說約聘僱人員是「廣義公務員」而不宜納入勞基法規範。考試院更表示：如將約聘僱人員納入勞基法，會增加政府「資遣費」支出，造成財政衝擊。

在現行體制下，約聘僱人員因為被視為廣義公務員，一旦涉犯《貪污治罪條例》，必須加重其刑，卻無法獲得公務員及勞基法等保障，形成保障兩頭落空，處罰又比照公務員加重的奇怪現象。

專案教師

我國許多大專院校以「專案教師」之方式聘請大學教授，這些專案教師屬於編制外人員，在校內從事教學工作，工作內容與正式的教職人員相同。然而監察院一一〇年調查報告發現，專案教師承擔與編制內教師相同之責任，卻同工不同酬，淪為「血汗教師」、「免洗筷教師」。

專案教師因為是編制外人員，因此依法無法獲得《大學法》及《教育人員任用條例》的保障，此外，勞動部迄今只開放「同時擔任教學及行政工作」的編制外專案教師適用勞基法，「只負責教學工作」的專案教師則被排除在勞基法之外，因此專案教師現在處於「既不是勞工也不是教師」的非勞非教處境。

我也是看法白
才想到

在台灣，有那麼一群人組成工會，為了非典型勞工的權益，努力發聲，讓我們認識一下他們的故事。

佳福工會：假承攬真僱傭，不幸福的幸福高爾夫球場

「明明是僱傭關係，卻連勞保、健保都沒有。」你能想像有一份工作，平日需要

替老闆奔波賣命，但是連一點保障都沒有嗎？

位在新北的幸福高爾夫球場（佳福育樂事業公司），過去有五十九位員工，雖然擁有高年資，卻是勞基法保護傘下的孤兒。「佳福育樂事業（股）公司企業工會」（以下簡稱佳福工會）理事長葉孟連接受媒體訪問時指出，球場桿娣長期遭受公司以「假承攬」方式規避雇主責任，不當薪資與異常工作量，成為她們的日常。球場更強迫她們簽署「委任契約」，拒簽的桿娣則遭球場違法停班，至今已三年。

為了爭取權益，勞方在二〇一七年三月成立佳福工會展開勞權抗爭，在勞資積極衝突下，多位成員在二〇一七年十一月調解期間被球場解僱，導致工會成員因生計問題被迫放棄抗爭返回球場工作，工會一度僅剩十四名成員。

隨後，幸福高爾夫球場無預警針對工會十四名會員違法解僱，於是在勞資調解不成、取得罷工門檻等程序後，工會於二〇一八年四月十日發動為期三天的罷工行動。歷經罷工與陳抗之後，勞動部裁決認定：幸福高爾夫球場解僱桿娣是打壓工會，不但應立刻復職，更需要歸還違法解僱期間的所有工資。但時至今日，桿娣們仍未復職，代表此事件仍未畫下休止符。

高教工會：高等教育從業人員，低等品質勞動權益

「達成公平的高教資源分配，追求社會正義。營造進步的高教校園民主，落實大學自主。匡正扭曲的高教評鑑制度，提升高教品質。捍衛基本的高教勞動條件，保障勞動尊嚴。」伴隨著熱血的宣示，台灣高等教育產業工會，於西元二〇一二年二月十八日正式成立。

這是一群由各大學教授、職員、助理等超過三百名教職工作者共同組成的工會，透過團結高等教育機構所有受僱勞動者，以維護勞動條件與尊嚴，並且推動大學治理民主化，促進學術自由與教育資源分配之公平正義為職志。

協助專案教師爭取勞動權益，是高教工會成立以來的重點工作項目，高教工會不僅發起大大小小的記者會與陳抗行動，也針對各私校欠薪、停辦等作為，挺身表達抗議，例如在二〇二〇年，聖約翰大學利用校內例行的教師重新續聘程序，要求未兼任主管教師同意薪資減半，並取消例行發給的學術研究加給，否則拒發薪資，高教工會便率領教師到教育部前靜坐抗議。

高教工會更與政府對話，尤其以《私立高級中等以上學校退場條例》草案為著名

案例，以工會立場表達想法，善盡監督政府的角色。

新竹市平台外送從業人員工會：零工經濟下的勞權挑戰

「今晚我想來點……」近年外送平台興起，路上出現了許多綠色騎士、粉紅騎士。不過你知道嗎？這些熱騰騰的餐點，可是透過外送員的血汗所送達的。

過去平台外送員曾經被認為只要肯努力，也可以得到高薪，還因此掀起一波換職潮，然因我國兩大主要美食外送平台均以承攬制進用外送員，因此無法獲得勞基法職災保障，勞健保及勞退也必須自己承擔，職業風險相對較高。

此外，兩大平台業者經常片面實施新制，實質降低外送員收入，讓勞權本來就不受重視的外送員，更顯得格外弱勢。

隨著外送員權益意識上升，各地也陸續籌組地區性外送員工會，以新竹市平台外送從業人員職業工會為例，工會即以「增強防禦駕駛觀念、團結同業力量、提升生活品質、追求卓越服務」為主軸，以爭取勞工發言權邁開步伐，推動產業革新與精進。

臺灣勞動派遣產業工會：國美館勞工，勞權不美麗

勞工先受僱於派遣公司，再由派遣公司指派到其他公司上班，導致「僱用」與「使用」分離，是勞動派遣制度的特色。

派遣工多半有低薪、高工時、高轉換率的現象，原因在於，按照勞基法規定，雇主不得隨意解僱勞工，因此部分不肖雇主選擇勞動派遣制度，利用更換「派遣公司」的機會，要求勞工先跟舊公司簽「自願離職書」規避資遣費，新廠商才僱用派遣工。而不想續聘的派遣工，便趁機不再僱用。

即使是與政府公部門合作的情形，勞權低落的問題仍然層出不窮。從而，有一群捍衛派遣工勞權的人集合起來，臺灣勞動派遣產業工會因此誕生，在活躍於社會的這幾年中，也積極協調許多勞資問題，比如：台中榮總、威務公司等。

以國美館爭議為例，在國美館工作多年的多數派遣工，本該受勞基法保障而不能隨意資遣，但國美館卻利用更換派遣公司的機會故意不留用派遣工，形同實質解僱派遣工。在派遣工會的協助下，國美館雖然同意留用派遣工，抗爭最積極的三名派遣工卻未獲留用。勞動部雖裁決派遣公司行為違法，三名派遣工迄今卻仍無法獲得復職。

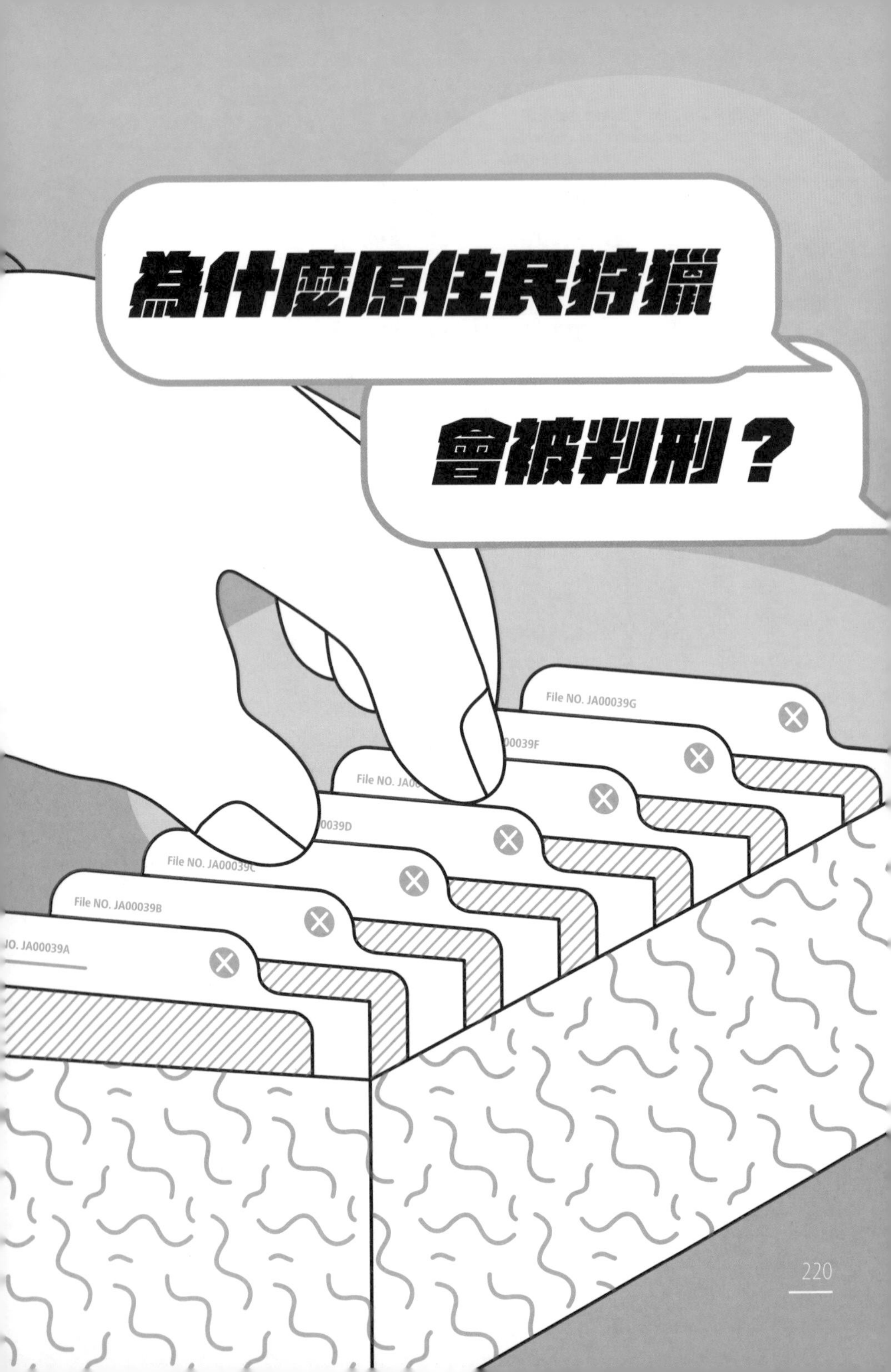
為什麼原住民狩獵
會被判刑？
File NO. JA00039G
File NO. JA00039C
File NO. JA00039B

發生什麼事??

二〇一三年，布農族人王光祿在山區狩獵，獵到一隻長鬃山羊和山羌後被警方以非法持有獵槍、非法獵殺保育類野生動物逮捕，事後被以違反《槍砲彈藥刀械管制條例》起訴，並被判處有期徒刑三年六個月確定。

這個案子引起非常大的爭議，檢察總長在二〇一五年底提起非常上訴，最高法院審理後主動聲請大法官解釋。

二〇二一年，大法官做出釋字第 803 號解釋。

文化與保育之間

大法官曾經在本案召開言詞辯論之前，提出爭點提綱，其中問到「文化權」（原住民族狩獵文化權）是否存在，以及此權利的屬性是什麼。在這之前，憲法以及先前的大法官解釋並未提及文化權的概念。

此外，憲法上所有權利，都是以個人（自然人或是法人）為出發點，作為相對概念的「集體權」，論述上經常以「集體權」、「部落共有權」呈現原住民族財產權，在集體權的概念下，權利歸屬於部落社群整體，而非個人。「集體權」的概念也未曾出現在憲法或過去的大法官解釋之中，也有可能透過本次解釋創設第一個集體權的概念。

憲法增修條文第10條第 2 項規定「經濟及科學技術發展，應與環境及生態保護兼籌並顧」、第11項規定「國家肯定多元文化，並積極維護發展原住民族語言及文化」，分別是憲法基本國策對於環境保護、原住民族文化的要求。

這號解釋最大的爭議是原住民從事狩獵活動的文化權利保障，過去的大法官解釋都不曾提及野生動物保育的問題。這個釋憲案處理的問題環繞在原住民族權利與環境生態保護之間的拿捏。

大法官認為，這兩者一樣重要。

獵捕野生動物

《野生動物保育法》第21條之 1 規定，台灣原住民族基於傳統文化、祭儀而獵捕、宰殺、利用野生動物，不受野保法相關規定的限制，並應經主管機關核准，相關細節授權主管機關及原民會共同訂定。現行的管理辦法規定，應在二十天（定期狩獵）、五天

（非定期狩獵）前申請狩獵許可，並列出預計狩獵的動物種類，並在三十日後回報獵捕動物。

本條的爭議點在「基於傳統文化、祭儀」應如何解釋？根據主管機關依本條授權訂定的管理辦法定義，「祭儀」是限於特定時間、特定模式的單次部落儀式；「傳統文化」在管理辦法中的定義必須是「存在原住民族社會已久、世代相傳而延續至今」。

「祭儀」解釋起來似乎沒有太大的問題；然而，「傳統文化」在主管機關制定的相關規範下，幾乎形同另一種祭儀，法院的簡介亦是如此。最高法院過去在判決中明確指出，供「自己食用」，也就是「自用」的獵捕活動，不屬於傳統文化以及祭儀，仍須依野保法第41條獵捕野生動物罪論處。

然而問題就在「自用」，《原住民族基本法》第19條規定，原住民得「基於傳統文化、祭儀、自用」而獵捕野生動物。同一個事實，在原基法的規定下是合法的，但在野保法的規定卻是非法的，法律規範的衝突，成為法院爭論不休的問題。

過去曾有判決認為「特別法優於普通法原則」，《野生動物保育法》是「特別法」，因此優先於「普通法」的《原住民族基本法》，相關規定排除「自用」。因此，基於「自用」而獵捕野生動物，構成同法第41條的非法獵捕、宰殺野生動物罪。

然而這樣的見解也被批評忽略了《原住民族基本法》的「基本法」性質，而非「特別法與普通法」的關係，其適用應略高於一般的法律，也就是說，一旦發生法規範衝突，當然以「基本法」的原基法優先使用，因此基於「自用」而宰殺、獵捕野生動物，也在法律容許的範圍內。

聲請人之一的王光祿在其案件中即涉及此爭議，法院的有罪判決認為，王光祿主張基於「自用」而獵捕保育類野生動物，並非野保法所容許，因此判決成立第41條非法獵捕、宰殺野生動物罪。

為了解決這個問題，農委會與原民會後來共同發布函令，確認「自用」也在野保法第21條之1的適用範圍內。

本號解釋也處理了這個長久以來的問題，聲請人認為本條規範採取的管制手段失衡而主張違憲，但大法官認為，基於野保法的體系問題，無論如何開放獵捕野生動物，也不能超出本法的立法目的——保育野生動物、維護物種多元性與自然生態平衡。因此，相關規範已經兼顧保育野生動物與原住民族傳統文化兩者之間的平衡。

進一步處理第21條之1第1項是否包含「自用」的問題，大法官認為，所謂的「傳統文化」，應涵蓋一切存於原住民族社會，並世代相傳而延續至今之價值、規範、宗教、倫理、制度、風俗、信仰、習慣等等生活內容，不僅包括精神性思想、價值、信仰、禮俗規範等，亦包括傳承已久之食物取得方式、日常飲食習慣與物質生活方式等。原住民受憲法所保障之文化權利，既係得選擇依其傳統文化而生活之權利，原住民自應有權選擇依其傳統飲食習慣與方式而生活。

綜合以上，大法官認為，所謂的「傳統文化」當然應包含原住民依其自身傳承的飲食與生活文化，而自行獵獲的野生動物以供自己、家人或部落親友食用或做成工具器物的非營利「自用」情形。

即便如此，大法官也認為狩獵、宰殺等行為仍會對野生動物，特別是保育類野生動物造成非常大的危害，因此規範上應排除「保育類野生動物」。也就是說，原住民基於「傳統文化、祭儀、自用」而「獵捕、宰殺、利用」的「野生動物」僅限於「一般類野生動物」，排除「保育類野生動物」，以求憲法價值上的衡平。

不過，最高法院在二〇一七年的一〇六年度第二次刑事庭會議決議中，曾處理過「保育類野生動物」是否包含在內的問題。最高法院決議認為，雖然野保法第51條之1只規定對基於傳統文化、自用或非為買賣而未經許可獵捕、宰殺、利用「一般類野生動物」的行為處以行政罰，而非第41條的刑罰，且未規定「保育類野生動物」，不能因此認為第21條之1第1項的「野生動物」範圍僅限於「一般類野生動物」而不包含「保育類野生動物」。也因此，相較於最高法院決議的開放態度，大法官在本號

解釋可以說開了倒車——雖然本號解釋各個方面而言都被批評為開倒車，但此部分尤其明顯。

關於第21條之1第2項管理的問題，大法官則認為並未如聲請人主張的過度管制而違反比例原則。大法官維持一貫的態度，認為基於避免狩獵活動過度侵害野生動物的存續與干擾生態環境平衡，採取適當的管制手段是必要的，相關規範並未違反比例原則。

然而，《原住民族基於傳統文化及祭儀需要獵捕宰殺利用野生動物管理辦法》對申請期限及程序，及必須提出「獵捕動物種類及數量」的規定卻欠缺合理彈性，過度限制原住民從事狩獵活動的文化權利，因此違反比例原則，宣告違憲。

自製獵槍合理嗎？

《槍砲彈藥刀械管制條例》第20條規定，原住民未經許可製造、運輸或持有「自製獵槍」並供作生活工具之用。本條在實務上常常發生的問題是，「自製獵槍」及「工作生活工具之用」應如何解釋？

關於何謂「自製獵槍」，內政部警政署最早在一九九九年做過函釋，定義為槍口裝填彈藥的「前膛槍」，且殺傷力較弱。如果殺傷力較強，或是能發射制式子彈，則不屬於「自製獵槍」。其後內政部制定《槍砲彈藥刀械許可及管理辦法》時，也依循一九九九年的見解定義自製獵槍。

這樣的解釋得到早期實務見解的支持，然而，最高法院在一〇二年度台上字第5093號刑事判決之後轉向。最高法院認為，母法槍砲條例第20條並未授權行政機關做出任何限制，因此相關函令，增加了法律所沒有的限制，法院並不受其拘束。

最高法院認為，所謂的「自製獵槍」是「自行製造本條例第四條具有獵槍性能之可發射金屬或子彈具有殺傷力之槍枝而言，所自製之獵槍裝填火藥或子彈之方式」。

大法官並不認為「自製獵槍」四個字有違反明確性原則的問題，因此合憲。

而所謂的「供作生活工具之用」，早期實務見解採取比較狹隘的「經濟生活」的想像。在最高法院一〇二年度台上字第5093號刑事判決判決之後，實務也轉向採取比較寬鬆的見解，「專門以狩獵為生或以狩獵為行為而得主要生活內容」，只要包括經濟、物質及傳統文化、語言、習俗等精神生活，都在「生活」的範圍內。

例如最高法院一〇三年度台上字第444號刑事判決，本案被告長期在台北生活，返回玉里打獵時遭查獲，被檢方認為非「生活工具」而起訴，但法院認為：「所謂生活，包括經濟、物質及傳統文化、語言、習俗等精神生活在內，被告為阿美族原住民，固在台北工作，但過年休假仍回花蓮縣玉里鎮住處，生活上與其居住之原住民部落仍相關連，因認其持有該自製獵槍欲於放假時打獵使用，堪信係供作生活工具之用，其證據取捨及證明力之判斷，無悖於經驗法則與論理法則。」

即便之後內政部修正管理規則仍未改變其對自製獵槍的定義，但從最高法院近年來的見解，可以建構出槍砲條例第20條的三階層管理架構：

1. **行為人具備原住民身分。**
2. **持有、製造、運輸的槍械是「自製獵槍」。**
3. **持有、製造、運輸自製獵槍目的是「供作生活工具之用」。**

然而實務見解仍未完全解決法律規範的適用問題，在本號解釋中，聲請人認為槍砲條例第20條「自製獵槍」的定義不明確，違反規範明確性原則。

然而，大法官認為「自製獵槍」的相關規定並沒有違反法律明確性原則，條文提及的「自製之獵槍」，並非罕見或一般人難以客觀理解的用語。

不過，《槍砲彈藥刀械許可及管理辦法》第2條第3款對於自製獵槍的規定，大法官認為不能滿足讓原住民安全從事合法狩獵活動的要求，違反了憲法保障人民生命權、身體權及原住民從事狩獵活動的文化權利等意旨。

管理辦法基於治安及野生動物保育的考量，對自製獵槍做了非常大幅度的限制，大法官認為目的還算正當。然而，規範限制的獵槍構造粗糙，且只能自行獨立製造或與非營利目的之原住民共同製作，沒有基於安全性及穩定性的考量設置相關輔助配套措施，造成實務上經常出現槍枝膛炸的情形，對原住民的生命、身體權利保障不周，而過度弱化的槍枝，也無法滿足原住民族從事狩獵活動的需要，在此方面的保障也不足，大法官因而宣告違憲。

大法官有解決問題嗎？

這號大法官解釋對於原住民狩獵在實務上發生的爭議算是給出了一個解答，但這個答案是解決了問題，還是製造了更多問題呢？

大法官對於自然環境維護的出發點並非錯誤，然而，大法官恐怕錯誤地理解原住民族狩獵的相關文化內涵，另外，本案在三月召開言詞辯論時，大法官在事前公布的爭點提綱中提及「文化權」的問題，但解釋文、理由書中卻隻字未提「文化權」，也非常耐人尋味。

大法官的態度或可在意見書中展露無遺，如備受爭議的黃虹霞大法官「酷酷酷獵人」說，更告訴我們，即便如大法官，也無可避免地未能正視「文化」的問題。

或許如謝銘洋大法官意見書提到的：「本件解釋其實並沒有真正面對釋憲聲請的核心問題，也沒有解決任何問題。」

後來呢？

在大法官解釋後，總統蔡英文宣布特赦王光祿，免除刑罰的執行。

依照憲法第40條規定，總統有赦免權。《赦免法》第3條規定，特赦的效果是免除刑罰的執行，但有罪判決仍存在。除非有特殊情形，才能將罪行宣告為無效。

也因此，這件特赦案，免除王光祿先前被判決有罪確定的「刑罰」，但有罪的部分效力仍在。

二〇二一年底，最高法院駁回非常上訴，有罪的部分維持原狀。

參考法條

《原住民族基本法》第19條

I 原住民得在原住民族地區及經中央原住民族主管機關公告之海域依法從事下列非營利行為：

一、獵捕野生動物。

二、採集野生植物及菌類。

三、採取礦物、土石。

四、利用水資源。

II 前項海域應由中央原住民族主管機關會商中央目的事業主管機關同意後公告。

III 第一項各款，以傳統文化、祭儀或自用為限。

Laws and Acts

參考法條

《槍砲彈藥刀械管制條例》第20條第1項

原住民未經許可，製造、運輸或持有自製獵槍、其主要組成零件或彈藥；或原住民、漁民未經許可，製造、運輸或持有自製魚槍，供作生活工具之用者，處新臺幣二千元以上二萬元以下罰鍰，本條例有關刑罰之規定，不適用之。

《野生動物保育法》第21條之1

I 台灣原住民族基於其傳統文化、祭儀，而有獵捕、宰殺或利用野生動物之必要者，不受第十七條第一項、第十八條第一項及第十九條第一項各款規定之限制。

II 前項獵捕、宰殺或利用野生動物之行為應經主管機關核准，其申請程序、獵捕方式、獵捕動物之種類、數量、獵捕期間、區域及其他應遵循事項之辦法，由中央主管機關會同中央原住民族主管機關定之。

Laws and Acts

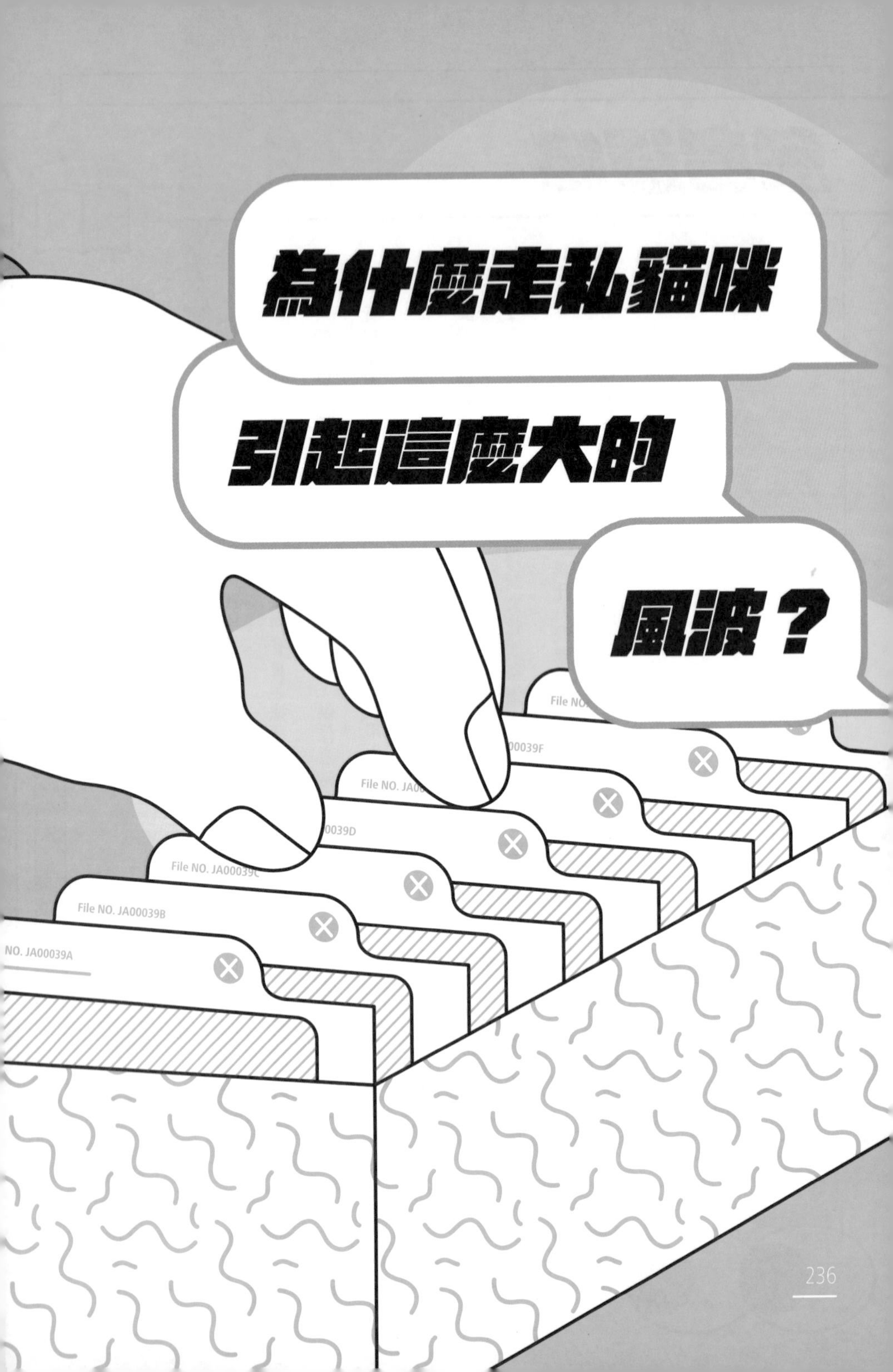
為什麼走私貓咪
引起這麼大的
風波？
File NO. JA00039C
File NO. JA00039B
NO. JA00039A
00039D
00039F

發生什麼事??

二〇二一年八月，海巡署查獲一百多隻走私而且沒有檢疫的貓。幾天後，防檢局表示，已經依法執行安樂死。

大量的貓咪被執行安樂死，引起許多人的關注。有人認為，生命是無辜的，政府不應該用「撲殺」這麼強烈的手段來處理走私貓；也有人認為，走私貓必須究責的是走私者，若未採取有效的行動造成動物防疫破口，屆時造成的後果恐怕不只是撲殺一百隻貓咪這麼簡單而已。

走私動物

走私貓咪進來有多嚴重？相關法律是怎麼規定的呢？

從二〇二〇年開始的 Covid-19 疫情，大家應該或多或少聽過《傳染病防治法》。

針對動物的防疫規範，也有《動物傳染病防治條例》。

如果大家記憶力夠好的話，應該還記得二〇一九年隨時要傳進台灣的非洲豬瘟疫情，主管機關就是依據《動物傳染病防治條例》來實施相關防疫措施。

依據《動物傳染病防治條例》規定，以及主管機關農委會的公告，貓在公告的「應實施動物檢疫」品目清單上。簡單來說，從國外帶貓進來，必須要實施檢疫。若輸入時沒有檢疫的話，檢疫機關可以依照情節，做出必要的處置。

而這些「必要的處置」有四種：

1. 依照國際規範，採取安全性的檢疫措施。
2. 延長動物的隔離期間、施行診斷實驗、補行預防注射或治療措施。
3. 通知輸入人或代理人限期補正必要的文件。如果沒辦法補正，可以退運或撲殺銷毀。
4. 直接退運或撲殺銷毀。

而根據農委會頒布的《走私沒入動物及其產品處理作業程序》規定，在查獲走私活體動物案件後，如果發現是「禽鳥類」，因可能涉及到禽流感，所以必須要銷毀（安樂死）。其他非禽鳥類的走私動物，則會因是否屬保育類動物而有不同處理方式。

如果是「保育類」動物，會進一步判斷是否有傳染動物傳染病的可能性，安全的話就會辦理安置或收容，並配合動物防疫機關辦理防治措施。如果判斷後認為有傳染疾病的可能，即便是保育類動物，也要面臨安樂死的命運；至於「非保育類」動物則是和禽鳥類一樣，無論如何都必須進行安樂死。

而走私這些動物可能犯的罪，包括《懲治走私條例》的「私運管制物品」、《動物傳染病防治條例》的「擅自輸入禁止輸入之應施檢疫物」等罪，刑度都是七年以下有期徒刑、得併科三百萬元以下罰金。

根據農委會的說明，自國外輸入的犬貓，必須依據檢疫規定，完成疫苗注射，且通過血液檢測，且輸入後也必須再隔離七日，檢疫合格後才能完成輸入程序；而這起走私貓事件，貓隻沒有植入晶片、沒有施打狂犬病疫苗且未進行抗體檢測，若貿然輸入，引起國內動物染疫風險極高。

而這些貓咪在輸入時，並未依法申請檢疫，也沒有執行相關檢疫程序。在避免染疫的前提下，這時候只能選擇退回動物或銷毀動物。而走私動物無法退回，最後農委會只能選擇銷毀。

為什麼只能撲殺？

一般走私動物因為未經國家出入境的檢疫，極有可能會將動物傳染病毒帶入國內，形成生態界的「防疫破口」。

例如影響台灣二十四年的口蹄疫，事後推測疫情爆發的原因，極有可能是從國外走私進台灣的活體豬隻。而口蹄疫疫情重創台灣的養豬產業，許多養豬戶、飼料廠、肉品加工廠倒閉，整體經濟損失達到一千七百億元。

直到二〇二〇年，世界動物衛生組織才將台灣從口蹄疫疫區除名。

另外，如果走私動物帶有的動物傳染病病毒，是如同禽流感一般可以傳染給人類的話，也會對人類身體健康產生影響，造成的損失同樣難以評估（試想 Covid-19 疫情兩年多來對台灣以至於世界造成多大的衝擊）。也因此處理走私動物的時候，不免要採取最謹慎的態度，以免一個小破口卻對環境、人民健康、經濟造成難以預料的衝擊。

國際上如何處理走私？

由於國際上走私動物的情況非常頻繁，因此在一九七五年制定了《瀕臨絕種野生動植物國際貿易公約》。公約規定，走私動物可以由輸出國支付相關的運輸費用，把動物帶回來；如果評估後沒辦法送回，則查獲走私的國家可以尋找合適的管理機構辦理收容。

雖然我國並非公約的締約國，但是如果輸出國是公約締約國的話，在外交行有餘力的空間下，或許也可以考慮爭取用這樣的方式，取代把「保育類」動物安樂死的做法。

雖然農委會有制定《走私沒入動物及其產品處理作業程序》來處理走私動物，但走私貓事件也讓人檢討相關作業程序內容是否過於簡單。而依據目前的規範，對於動物防疫檢驗的程序及檢驗方式，未來似乎還是有可以再努力明確化的空間。

隨著科技進步，若預算、人力足以支應，且能突破潛伏期、精準判斷疫情的前提下，或許我們未來面對「非保育類動物的走私動物」，可以如同保育類動物一樣，慢慢嘗試爭取民眾支持，改以「有無傳染動物傳染病的可能性」來決定收容或安樂死，而不只是現行查獲後一律安樂死的做法。最大限度地在動物權利與公共利益之間，找到更圓滿的平衡點，避免這樣的憾事再度發生。

最後，還是老話一句：沒有市場需求、沒有走私、沒有殺害。如同動保團體經常呼籲：除了防疫考量可能讓動物們失去生命，走私過程也會讓動物們吃盡苦頭。如因不當安置，所導致的飢餓、脫水或過度緊張而死亡。阻止人類因貪婪而走私動物的非法行為，才能從結構上根本為動物們保命。

不要助長非法市場的蓬勃發展，也是愛護動物的大家，能一起馬上做到的事。

參考法條

Laws and Acts

《動物傳染病防治條例》第34條第1項

應施檢疫物之輸入人或其代理人，應於應施檢疫物到達依第三十二條第一項規定公告之港、站時，向輸出入動物檢疫機關申請檢疫，並依前條第三項所定準則繳驗輸出國檢疫機關發給之動物檢疫證明書或其他文件。但動物檢疫證明書經我國與輸出國雙方議定者，得以電子方式為之。

《動物傳染病防治條例》第34條之2

I　輸入應施檢疫物有下列情形之一者，輸出入動物檢疫機關得按其情節，為必要之處置：一、未依第三十三條第三項準則規定繳驗動物檢疫證明書或其他文件。二、前款動物檢疫證明書或其他文件記載事項與第三十三條第三項準則規定不符。三、其他不符合第三十三條第三項準則規定之情形。

參考法條

II 前項必要之處置如下：一、依國際動物檢疫規範，採取安全性檢疫措施。二、延長動物隔離期間、施行診斷試驗、補行預防注射或治療措施。三、通知輸入人或其代理人限期補正必要之文件；無法補正者，得將應施檢疫物予以退運或撲殺銷燬。四、將應施檢疫物逕予退運或撲殺銷燬。

《懲治走私條例》第2條第1項

私運管制物品進口、出口者，處七年以下有期徒刑，得併科新臺幣三百萬元以下罰金。

《懲治走私條例》第12條

自大陸地區私運物品進入臺灣地區，或自臺灣地區私運物品前往大陸地區者，以私運物品進口、出口論，適用本條例規定處斷。

Laws and Acts

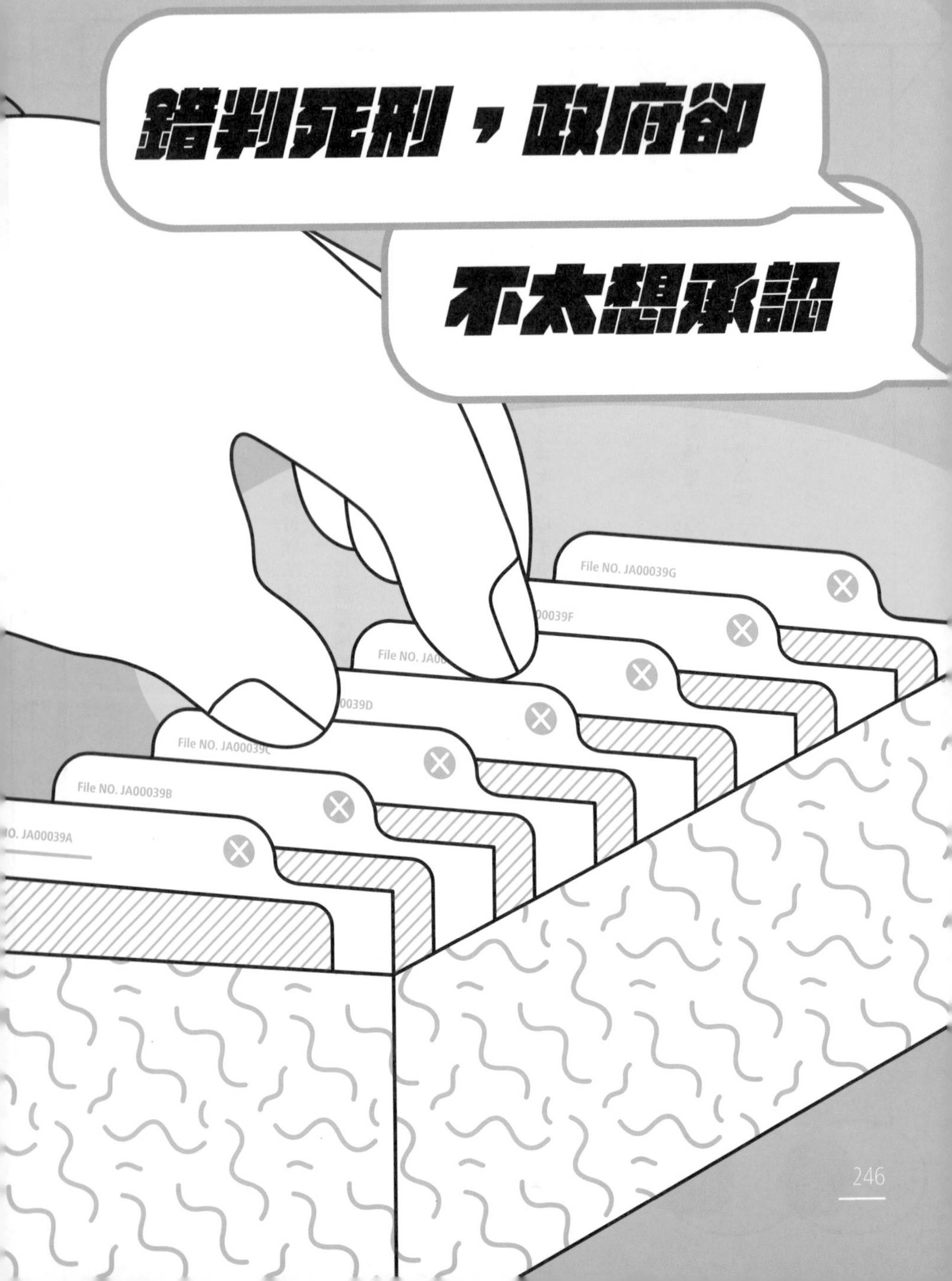
錯判死刑，政府卻
不太想承認
File NO. JA00039G
00039F
File NO. JA00
0039D
File NO. JA00039C
File NO. JA00039B
O. JA00039A

發生什麼事??

二〇〇〇年，在台南的歸仁發生一起命案，一男一女被人用利刃刺死，當時的媒體稱為「歸仁雙屍案」。

嫌犯叫做郭俊偉與謝志宏。他們晚上喝了酒以後，想要出去兜兜風，路上遇到十八歲的女性被害人，郭俊偉於是上前搭訕要和對方出遊，對方答應後，卻很快就吵架。郭俊偉摑了對方巴掌、搶走她的手機，三人回到家後，郭俊偉要謝志宏去家裡拿蝴蝶刀，三人之後又去逛墓園。最後被害人哭著要求郭俊偉放她回家，郭俊偉答應了，但沒想到郭俊偉卻在田裡用蝴蝶刀刺死被害人。凌晨四點半左右，一名農夫經過，郭俊偉為了滅口，連農夫一起刺死。

警方獲報後，找到郭俊偉。然而，郭俊偉卻說，從頭到尾都在當電燈泡，甚至指稱行凶時人不在現場的謝志宏，是他的共犯。沒有參與行凶的謝志宏，就這麼不明不白地被扯進來，甚至還被法院判了死刑。二〇〇〇年的謝志宏，年僅十九歲。二〇一一

發生什麼事??

年，謝志宏被判處死刑確定。

顯而易見的，這是一起冤案。謝志宏從判決確定的那一刻起，隨時都有可能會因為這件他沒做的事情，被國家殺死。二〇一八年，監察院提出調查報告，指出判決的瑕疵，請求最高檢察署研擬非常上訴。檢察官重啟調查以後，發現法院判決充滿瑕疵，也聲請再審。謝志宏案也是史上第二件檢察官主動聲請再審的死刑確定案件。二〇二〇年，高等法院台南分院審理後，認為原先的死刑判決真的有問題，因此改判無罪，檢察官也沒有上訴，全案確定。

經過二十年，謝志宏終於得到一個無罪判決。而謝志宏總共被羈押了六千八百三十四天。

關錯人國家要負責嗎？

除了被判刑之外，你也有可能因為一些原因被羈押。但如果事後你被證明清白，這時候可以叫國家負責嗎？

答案是**可以**。

依據《刑事補償法》，曾經被羈押或被執行徒刑，並在之後被判決無罪確定，可以請求國家補償。原則上補償以日為單位，可以理解為每關一天，補償三千至五千元。

不過，《刑事補償法》也規定，如果請求補償的人，有「可歸責事由」（也就是算在他頭上的問題），而且從個案上來判斷，依「社會通念」補償金額過高的時候，可以往下扣，計算標準變成一千至三千元。

謝志宏平反後，向法院請求刑事補償最高額度，也就是一日五千元。然而台南高分院審理後，卻以每日三千五百元計算，而謝志宏被羈押六千八百三十四天，一共補償兩千三百九十一萬九千元。

法院的第一個理由是，謝志宏之所以會成為冤案的受害人，他自己也要負一點責任。在二〇〇〇年案發後，謝志宏在警察調查時寫了一份「行蹤交代稿」，這份「行蹤交代稿」幾乎可以證明他沒有參與犯罪。

然而，在案發當時，警察並沒有一併將「行蹤交代稿」移送檢察官，而謝志宏和他的律師事後也沒有要求法院調查這份「行蹤交代稿」，法院認為，這件事情使得謝志宏也要為自己被羈押負起一定的責任。此外，謝志宏主張曾遭到刑求，但法院認為他在檢察官偵訊時和檢察官說沒有被刑求。

綜合這些原因，法院認為謝志宏被羈押並不完全是偵查機關的錯，謝志宏也要負起一部分的責任，最後只核定三千五百元，剩下一千五百元駁回。

謝志宏不服聲請覆審，司法院的刑事補償法庭在覆審之後，認為謝志宏已經被羈押了，怎麼可能又去蒐集對自己有利的證據，因此撤銷被駁回的一千五百元，發回台南地方法院。

這個規定，成為《刑事補償法》最令人詬病的問題。

被判死刑，你也有責任

我們來看幾個冤案當事人的例子。

蘇建和案的三名當事人，曾經被羈押四千一百七十日。在後來的刑事補償案件時，他們請求五千元折算一日，法院卻只補償一日一千二、一千三百元。理由是，蘇建和「自白」有拿菜刀壓制被害人（但這個自白卻很有可能是被刑求出來的），造成國家誤判，而且三名當事人學歷不高，也依「社會通念」再扣下去。

二〇一五年獲判無罪的徐自強，曾被羈押五千六百二十四天。獲得平反後請求刑事補償，以一日五千元折算。法院認為他從二十六歲被關到四十三歲，處在隨時會被執行死刑的壓力下，而且羈押十六年造成與社會脫節，還要繼續面對訴訟，因此同意每日五千元計算，共補償兩千八百萬元。

鄭性澤在二〇〇二年被指控涉嫌殺人，二〇〇六年被判處死刑確定，直到二〇一七年法院開啟再審才獲判無罪，期間被羈押四千三百二十二天，請求刑事補償時也以一日五千元計算。但法院卻因為鄭性澤在本案中確實有攜帶槍枝子彈的「違法不當行為在先」，有一部分可歸責在他身上，因此一天只補償四千元，總計一千七百二十八萬元。

謝志宏的刑事補償案覆審後，新聞報導寫了「嫌太少提覆審成功」。值得反思的是，「嫌太少」有錯嗎？

當你被關了十幾年，人生從此中斷，每天面臨隨時會被槍決的恐懼，好不容易等到被釋放的那天卻人事已非，還要再等幾年，司法才會還你一個無罪判決。

之後你依法請求補償的時候，法官可能還會覺得你被判了死刑、被羈押，有一部分的原因是你的責任。當你付出十幾年的青春，被摧殘到面目全非以後，想要討回一點

點公道時，卻被國家用放大鏡再次檢視，甚至跟你斤斤計較，似乎忘了誰才該負起責任。
這樣，還不能「嫌太少」嗎？

參考法條

《刑事補償法》第6條第1項

羈押、鑑定留置、收容及徒刑、拘役、感化教育或拘束人身自由保安處分執行之補償，依其羈押、鑑定留置、收容或執行之日數，以新臺幣三千元以上五千元以下折算一日支付之。

《刑事補償法》第8條

受理補償事件之機關決定第六條第一項、第三項、第四項、第六項或前條第一款、第三款之補償金額時，應審酌一切情狀，尤應注意下列事項：

一、公務員行為違法或不當之情節。

二、受害人所受損失及可歸責事由之程度。

Laws and Acts

法律連子宮都要管？
File NO. JA00039G
00039F
File NO. JA0
0039D
File NO. JA00039C
File NO. JA00039B
O. JA00039A

發生什麼事??

墮胎在刑法上是犯罪行為，孕婦自己墮胎、任何人教唆孕婦墮胎、醫生實施墮胎手術，都會受到刑罰制裁。但目前的法律並非完全禁止墮胎，《優生保健法》規定，在一定的情況下，允許懷孕婦女依照意願施行人工流產，像是有遺傳性疾病、分娩會導致孕婦本人身體生命的危險、被強制性交而懷孕等等原因。若因懷孕或生產，影響懷孕婦女的心理健康或家庭生活，也可以作為施行人工流產的原因。但《優生保健法》另外規定，這種情形必須得到配偶的同意。這個規定常年受到學者與婦女團體的批評，比如同意權規定是不當的負擔，特別是對於被性虐待，或因通知配偶而恐有生理心理等不利益的婦女；或者是同意權鞏固或加強現實上不平等的兩性關係。

衛福部在二〇二二年初公告將大幅度修正《優生保健法》，且整部法律的名稱也改為《生育保健法》。前面提到配偶同意權的規定，也在新法草案中被刪除。

司法改革國是會議當中的一項決議提到：

建請修正《優生保健法》第九條關於未成年人、有配偶婦女之人工流產決定權相關規定，俾落實女性自主權，並在意見不一時，適度引入司法或行政爭端解決機制。

這個決議是針對《優生保健法》第9條，法律規定已婚婦女若要施行人工流產，必須得到配偶或法定代理人的同意。

當然這樣的修法方向也不是沒有人質疑，有些人認為，「配偶也提供了一半的染色體」，當然在是否墮胎時也應有決定權。

那麼為什麼司法改革國是會議和衛福部會做出這樣的修正決定呢？

CEDAW

根據衛福部的說明，修法目的是為了讓法律規範更符合《消除對婦女一切形式歧視公約》（CEDAW）的規定。

簡稱CEDAW的《消除對婦女一切形式歧視公約》在一九七九年底通過、一九八一年九月生效，目前有一百八十九個締約國。其中規定，締約國必須制定法律，修改或廢除對婦女構成歧視的法律、規章、習俗或慣例。

台灣雖然不是締約國（也因為政治因素無法成為締約國），但在二〇一一年透過制定《消除對婦女一切形式歧視公約施行法》的方式，讓CEDAW在台灣也有法律效力。

而公約也規定，男女雙方在婚姻裡是平等的，而女性有權利在婚姻裡自由地負責決定子女人數、生育的間隔，且配偶並不能凌駕於婦女的這個決定權。

CEDAW委員會在一般性意見書提到，因為婦女是懷胎、哺乳的那個人，也常常是子女的主要照顧者，懷孕生產會直接影響她繼續受教育的機會、在職涯上的發展，還有未來的人生規劃。除此之外，子女的人數和生育間隔，同樣會直接影響婦女生理與心理的健康，以及往後的人生，而她的身心健康狀態，更會連帶影響子女的身心健康。

要不要生養子女，最好的方法仍是與配偶或伴侶「協商」做出決定，但絕對不應該是受到配偶、父母、伴侶甚至是政府的「限制」。

而CEDAW委員會也對已婚婦女墮胎的議題上表明，任何「妨礙婦女獲得適當保健的障礙」都應該被消除，包括將「只有婦女需要的醫療程序界定為犯罪行為」的法律，或是懲罰接受這類醫療行為婦女的法律，都不應存在。簡單來說，基於公約的立場，墮胎必須被除罪化。

從公約的這些規範來看，我們可以確認基於CEDAW，即使配偶不同意，也不影響婦女是否選擇墮胎的權利。

配偶同意權

現行的《優生保健法》規定，若要施行墮胎「必須」取得配偶的同意。這樣的規定在實際運作上，成為孕婦受到配偶控制的工具。也就是說，若配偶不同意，孕婦並不能自由地墮胎。

這樣的規範等同把墮胎的最終決定權，交到配偶手上。配偶同意權的規範背後其實隱藏著「家父長」式的監管，等同不信任婦女本身做決定的能力，更是一種男女不平等的表現，違反了 CEDAW 的精神。

也因此，草案規定，已婚的懷孕婦女如果認為懷孕或生產將影響其心理健康或家庭生活，無須配偶同意就能人工流產，現行配偶同意的規定被刪除。草案還包含了未成年人與法定代理人，對於人工流產決定意見不一時，社政主管機關、兒童及少年福利機構或其他利害關係人，可以向法院聲請裁定的規定。

這樣的規定其實很明確地傳達了一個概念：負責懷孕生產還有主要照護責任的正是婦女本人，其他人對於她對自己的身體與人生所做的決定，不應有置喙的空間。配偶當然可以參與討論，但最終的決定權，是握於生理上可以懷孕的那個人手上。

我也是看法白才想到

從優生保健法到生育保健法

這次修法的另一個重點，就是整部法律由《優生保健法》更名為《生育保健法》。「優生」被批評本身就是對身心障礙的歧視（簡單來說就是不優就不能生），概念背後隱含著基因的篩選，也有很多爭議。這樣的想法不免讓人聯想到納粹德國時期大力推廣的雅利安血統論，甚至少數族群、身心障礙人士、貧窮人士都被強制絕育。

這樣的看法，似乎代表著身心障礙者就不應該擁有下一代，也是直接對身心障礙者的歧視。修法將「優生」刪除，也算是回應消除語言歧視的正面表現。

韓國的經驗

二〇一九年四月，韓國的憲法裁判所決定讓「墮胎罪」違憲。

韓國刑法第269條規定，「墮胎的女性」和「協助女性墮胎的人」，會面臨一年以下有期徒刑或兩百萬韓元的罰款。

如果醫生協助女性墮胎，會面臨兩年以下有期徒刑的刑事責任。

當然，也是有例外。根據韓國《母子保健法》的相關規定，像是基於優生學、被強制性交、亂倫，或是懷孕可能損害母親健康等等情形下，在懷孕婦女本人和配偶的同意下，可以墮胎。

但這個配偶同意的規定卻成為男性配偶要脅孕婦的理由。

也因此，韓國憲法裁判所認為，墮胎罪過度侵害女性的自主權，他們採取了一個比較折衷的看法：「懷孕二十二週以內的女性，可以決定要不要墮胎。」之所以訂在二十二週，是因為二十二週之後的胎兒可以離開母體獨立生存。

女性的身體自主權比較重要，還是不會講話的胎兒比較重要？即使憲法裁判所做出裁決，韓國社會的爭論仍然沒有停止。

心跳法案公投

不知道你是否還記得，曾經有人想要發起「心跳法案」公投，其主文是：

你是否同意《優生保健法施行細則》第15條第1項本文：人工流產應於妊娠二十四週內施行，修正為人工流產應於妊娠八週內施行。

目前根據《優生保健法施行細則》規定，懷孕二十四週內可以實施人工流產手術；超過二十四週，只限醫療行為。若此公投通過，將從二十四週縮短為八週。公投案在當時引起強烈反彈，提出公投的一方主張，我們應該藉由限制墮胎，來解決生育率逐年降低的問題。反對公投的意見則認為，以限制墮胎來解決生育率過低的問題，只是暴露了這些人對生育率過低的恐慌，卻迴避墮胎原因的複雜性（包括非自願性懷孕的問題）、否定懷孕婦女的自主權，更忽略了禁止墮胎帶來的社會問題。

參考法條

《優生保健法》第9條

I 懷孕婦女經診斷或證明有下列情事之一，得依其自願，施行人工流產：一、本人或其配偶患有礙優生之遺傳性、傳染性疾病或精神疾病者。二、本人或其配偶之四親等以內之血親患有礙優生之遺傳性疾病者。三、有醫學上理由，足以認定懷孕或分娩有招致生命危險或危害身體或精神健康者。四、有醫學上理由，足以認定胎兒有畸型發育之虞者。五、因被強制性交、誘姦或與依法不得結婚者相姦而受孕者。六、因懷孕或生產，將影響其心理健康或家庭生活者。

II 未婚之未成年人或受監護或輔助宣告之人，依前項規定施行人工流產，應得法定代理人或輔助人之同意。有配偶者，依前項第六款規定施行人工流產，應得配偶之同意。但配偶生死不明或無意識或精神錯亂者，不在此限。

《中華民國刑法》第288條

I 懷胎婦女服藥或以他法墮胎者，處六月以下有期徒刑、拘役或三千元以下罰金。

II 懷胎婦女聽從他人墮胎者，亦同。

III 因疾病或其他防止生命上危險之必要，而犯前二項之罪者，免除其刑。

Laws and Acts

亞洲水泥與太魯閣

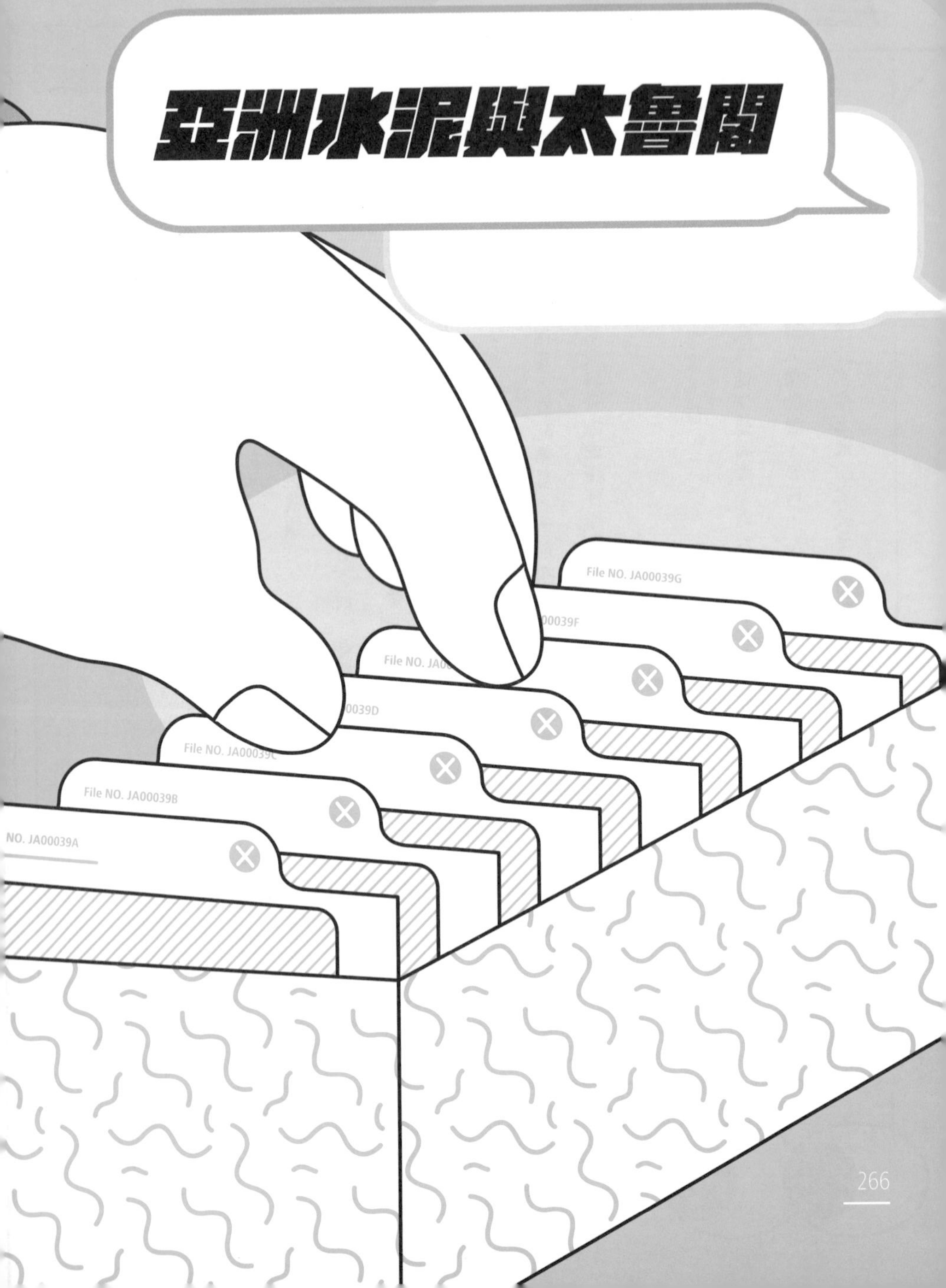

發生什麼事??

《看見台灣》拍到了亞洲水泥在他們的新城山礦場上，把整座山頭都挖掉，引起大家對於環境的重視。

二〇一六年，亞泥在花蓮縣新城鄉、秀林鄉交界的新城山大理石礦場，採礦執照即將在二〇一七年底到期，於是亞泥提出展限申請，經濟部在二〇一七年三月核准亞泥的礦權展限申請，有效期限到二〇三七年。經濟部核准後，引起輿論譁然，住在礦場山下的徐阿金、田明正、白美花、鄭文泉等四人針對這個處分提起訴願，訴願被行政院駁回以後，提起行政訴訟，把經濟部告上法院。

台北高等行政法院審理後，認為被告處分有瑕疵，判決撤銷經濟部的處分和行政院駁回原告的訴願決定，原告勝訴。

我也是看法白才知道

這個案子的原告總共有四個人，其中徐阿金、田明正在礦區內有原保地，而四名原告都住在礦區方圓五百公尺範圍內，礦權的展限不只影響原告的土地權利，甚至還可能因為採礦而嚴重影響他們的其他權利。

原告總共提出了三個理由，認為不應該展限：

第一，礦場符合《礦業法》規定「礦業之經營有妨害公益無法補救」的情形，因此主管機關應該依法駁回。法院則認為，雖然礦區內有土石流潛勢溪流、地質敏感區，但這些只是政府擬定防災政策參考用的資料，並沒有限制土地開發的效果。二〇一二年礦場附近雖然因為颱風的關係導致山壁崩塌，但和採礦無關，所以這個理由不成立。

第二，原告主張礦場是《礦業法》規定「其他法律規定」不能採礦的地點，而總共提出了三個法律依據：第一個是《文化資產保存法》，礦區附近有富世遺址，依照文資法，應該要立即停工。但法院認為，遺址並沒有在採礦範圍內，所以沒有依照文資法停工的問題。而且亞泥有簽切結書，承諾不會跑去那邊挖礦。花蓮縣文化局也對申請案表示沒有意見，所以法院認為富世遺址的問題不會構成否決展限申請的理由。

第二個是《地質法》。亞泥並沒有依照《地質法》規定，在地質敏感區進行地質敏感調查及安全評估。法院認為，原本的礦場亞泥早在二〇〇一年就提出地質調查報告，後來也有繼續進行地質調查。而亞泥只是針對既有的礦場申請繼續採礦，沒有開發新礦場，所以不需要進行《地質法》的調查評估。

第三個是《森林法》。原告認為亞泥會影響到附近的一個林班地，卻沒有依照《森林法》的規定，由《森林法》主管機關會同有關機關實地勘察同意以後，才能開礦。法院認為，原告主張的林班地，並不在亞泥的採礦範圍內，所以不需要再跑一次《森林法》的這些程序。

最後也是最關鍵的理由是，原告主張，經濟部在核准亞泥展限前，必須進行《原住民族基本法》規定的「諮商同意程序」，但經濟部卻沒有這麼做。

《原住民族基本法》第21條第1項規定，「政府或私人於原住民族土地或部落及其周邊一定範圍內之公有土地從事土地開發、資源利用、生態保育及學術研究，應諮商並取得原住民族或部落同意或參與，原住民得分享相關利益。」

法院認為，原基法的諮商同意程序，是為了落實《憲法增修條文》以及《公民與政治權利國際公約》對原住民族土地及自然資源權利的保障。

雖然亞泥一開始取得礦權時，原基法還沒制訂，那時候沒有進行「諮商同意」並不是問題。但既然後來有了原基法，之後就必須在申請展限時給予原住民族或部落表達意見的機會，如果可以不用這麼做，就是違法。

因此，基於正當行政程序的要求，當亞泥申請展限的時候，沒有進行原基法第21條第1項的「諮商同意程序」，經濟部竟然還核准，因此這個核准的處分有瑕疵，必須撤銷。行政院駁回原告的訴願決定，也一起撤銷。

後來，經濟部和亞洲水泥上訴，最高行政法院在二〇二一年宣判。亞泥的上訴理由雖然主張他們有事後措施，包括原住民就業、水土保持及生活照顧等等。但最高行政法院認為，這些措施只是「回饋」，仍未改變礦權展延對當地居民及環境帶來的衝擊。台北高等行政法院的判決並沒有違法，因此駁回經濟部及亞洲水泥的上訴，全案確定。

礦業法

《礦業法》第31條對於礦權展限的申請，採取原則允許例外駁回的規定。而四名原告的前兩點主張，也是圍繞著第31條來打，只是法院都認為他們的主張不符合31條「應該駁回」的情形。

二〇一六年，行政院政務委員林萬億、張景森在處理《礦業法》和原基法之間的關係時，曾認定「展限申請」不需要經過原基法的諮商同意程序，後來經濟部在經手亞泥申請、行政院在處理訴願時，也都採取相同的見解。

但是，在亞泥的這個案子裡，法院顯然採取了完全不同的見解，認為在原住民族地區開發，就必須要遵守《原住民族基本法》的規定。

終於要修正

亞泥案之後，《礦業法》的修正再次被拿出來討論。但隨後又沉寂下去。

現行《礦業法》有兩大被稱為「霸王條款」的規定：

《礦業法》第31條：礦業權展限之申請，非有下列情形之一者，主管機關不得駁回：一、申請人與礦業權者不相符。二、無探礦或採礦實績。三、設定礦業權後，有新增第二十七條所列情形之一。四、有第三十八條第二款至第四款所列情形之一。五、有第五十七條第一項所定無法改善之情形。依前項第三款規定將礦業權展限申請案駁回，致礦業權者受有損失者，礦業權者得就原核准礦業權期限內已發生之損失，向限制探、採者或其他應負補償責任者，請求相當之補償。前項損失之範圍及認定基準，由主管機關定之。

《礦業法》第4條：I、土地之使用經核定後，礦業權者為取得土地使用權，應與土地所有人及關係人協議；不能達成協議時，雙方均得向主管機關申請調處。II、土地所有人及關係人不接受前項調處時，得依法提起民事訴訟。但礦業權者得於提存地價、租金或補償，申請主管機關備查後，先行使用其土地。

這兩條霸王條款造成採礦業者如亞泥等，即使土地所有權人有異議，也不會影響他們繼續開採礦石。如果你家的土地被採礦業者看上了，他過來採礦，即使你不同意也沒關係，他只要到法院提存，也就是繳一筆錢給法院，就可以繼續使用你的土地。甚至政府如果要基於公益的理由限縮礦業權，反而還要補償業者的損失。而這個補償通常都是天文數字，使得政府機關卻步。

至今只有國家公園能在中央政府撐腰下，逐年編列預算讓礦場退出國家公園。但其他無力支應補償的政府機關，在這兩大霸王條款助威之下，使得採礦業者在台灣的山林如入無人之境。

二〇二二年初，經濟部又再次提出《礦業法》的修正案，草案當中也有回應這兩大「霸王條款」，包括展限時要實質審查，業者必須提出有效的土地使用權文件；新的礦業用地核定前必須經過原住民諮商同意、既有的礦業用地也必須在一年內補辦原住民族諮商同意程序。

未來，《礦業法》會怎麼走，還需要大家密切注意。

參考法條

《原住民族基本法》第21條

政府或私人於原住民族土地或部落及其周邊一定範圍內之公有土地從事土地開發、資源利用、生態保育及學術研究，應諮商並取得原住民族或部落同意或參與，原住民得分享相關利益。

Laws and Acts

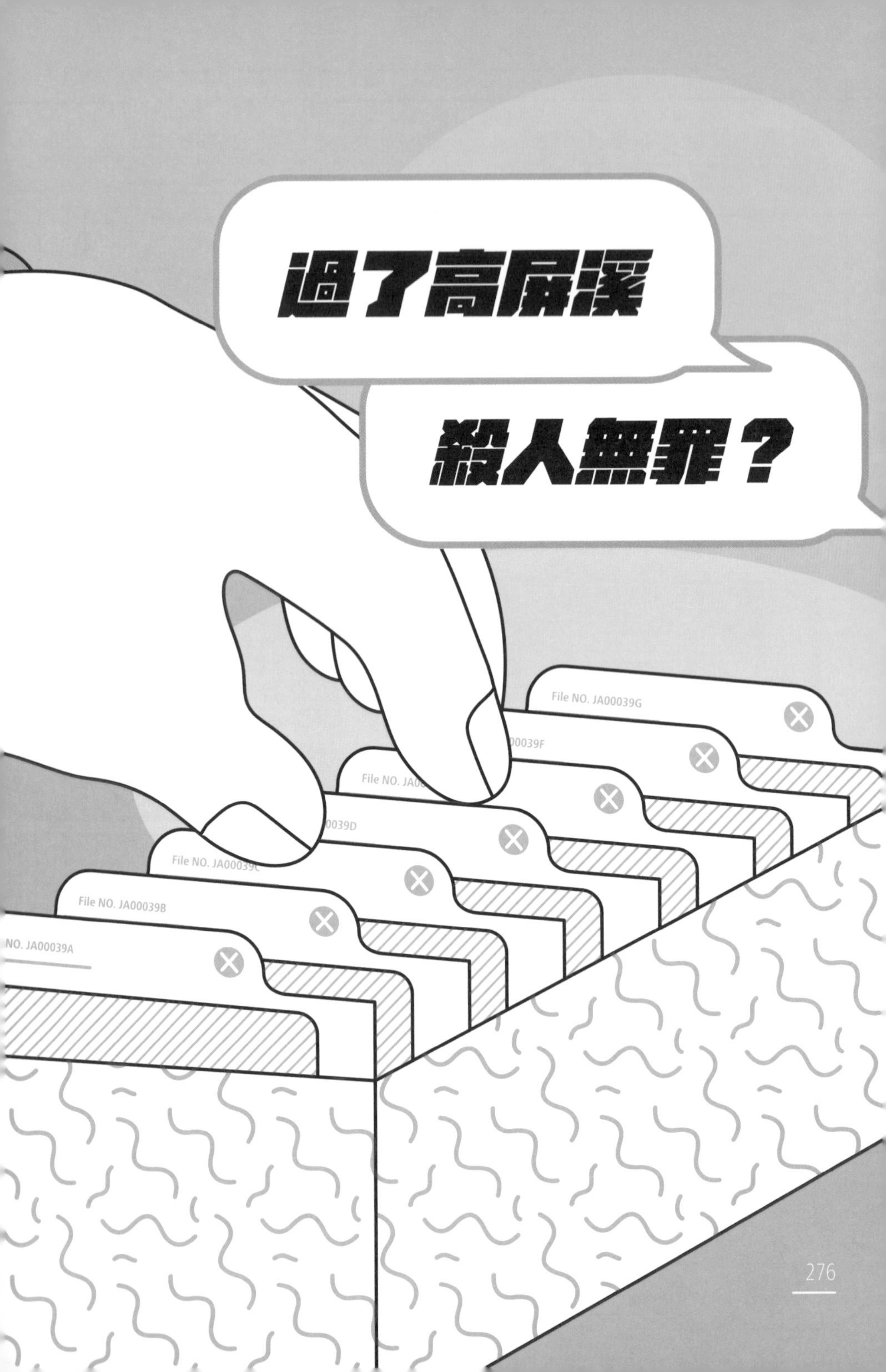
過了高屏溪
殺人無罪？
File NO. JA00039G
00039F
File NO. JA0
0039D
File NO. JA00039C
File NO. JA00039B
NO. JA00039A

發生什麼事??

在台灣當政治人物可不是件安全的事情，不管民意代表或縣市長都挺危險的，比如一九八七年立委蕭瑞徵被人槍殺、一九九五年高雄縣議會前議長吳鶴松遭槍擊身亡，一九九六年十一月桃園縣長劉邦友也被人槍殺。

二〇〇〇年，屏東縣前議長鄭太吉也被槍殺。不過這次，是被執行死刑。為什麼一個議長，最後卻會被槍決呢？

黑道議長是怎麼煉成的？

在台灣的地方選舉，地方派系的支持是當選與獲得政黨提名的重要因素，而地方派系也多會借重黑道或企業等地方勢力來結盟，彼此合作獲取更多利益。

而前面提到的黑道議長，就叫做鄭太吉。他年輕時不過是個在屏東夜市打混的，曾經因為殺人未遂入獄，也被當作流氓管訓過。

但他出獄後投資特種行業賺了一些錢，也開始有了想要從政洗白的念頭。

當時屏東的地方派系，有「張派」與「林派」。張派為了牽制林派，就鼓勵鄭太吉參選議員，在張派幫助與黑道勢力綁樁買票之下，鄭太吉竟然以選區最高票當選。

剛從一清專案結訓三年的鄭太吉，不只選上了議員，還因為當時的議長郭廷才選上立法委員，從輔佐郭廷才的副議長，順利轉正成了議會龍頭，隨後也加入了國民黨。

怎麼做好一個黑道議長？

在鄭太吉可以呼風喚雨之前，屏東縣長是蘇貞昌。一九九三年蘇貞昌追求連任，對上了李登輝推薦的前台灣省住都處長伍澤元。

伍澤元為了對抗前縣長，動用鄭太吉的黑道勢力，干擾蘇貞昌的競選活動。在鄭太吉的大力幫助下，伍澤元順利當選了屏東縣的縣長。

鄭太吉就更加深了與地方派系的結盟，也開始培植黑道勢力進入縣議會與鄉鎮代表會。

他曾經因為不滿報紙的報導，就讓他的「棒球隊」闖入《民眾日報》報社見人就打。報社事後也不敢寫出主嫌就是鄭太吉，甚至鄭太吉到醫院探望傷者時，還說「歹徒手腳不太俐落」。

囂張到直接在別人媽媽面前開槍殺人

某天他的好友鍾源峰，因為經營的賭場事業與他起了糾紛，讓鄭太吉大感不滿，甚至有意殺了鍾源峰洩憤。

後來鄭太吉與同夥找上鍾源峰，總共開了十六槍，在鍾源峰母親面前行刑式地槍殺鍾源峰。

鍾源峰的母親逃過一劫後，馬上向警方報案，但當地警方敢動一向囂張的黑道議長嗎？

因為鄭太吉在當地的勢力實在太大，案發後地方媒體只敢報導有人被殺，沒人敢提到凶嫌是鄭太吉。

事件過了三天，時任民進黨籍立委蔡式淵在質詢時，直接點名凶嫌就是鄭太吉！

而且縣長伍澤元、國民黨立法院黨團書記長曾永權等人還阻撓檢方辦案，這才開始有媒體敢報導這件事情。

而依據當時偵辦案件的檢察官紀錄，檢察官也擔心當地警察無法辦這個案件，所以就找了刑事警察局率領偵查隊南下支援。

檢方蒐集完證據，本來打算要逮捕鄭太吉，但正好鄭太吉不滿《中國時報》報導他涉及鍾源峰命案，所以他希望檢察官跟他一起辦記者會澄清。

檢察官當時就希望可以把鄭太吉留下，於是先聚集了三十名武裝警力，讓鄭太吉先到檢察署討論記者會事宜。

檢察官在順便問完鄭太吉牽涉的諸多刑案之後，直接羈押了鄭太吉，而隨同鄭太吉來檢察署的律師也不願意為鄭太吉說話，因為他是午休時被鄭太吉強行押來的。

鄭太吉死刑定讞

鄭太吉殺人案進到司法程序之後，歷經數年審理，終於以殺人罪判決鄭太吉死刑定讞，並於同年執行死刑。

我也是看法白才想到

另一個被槍殺的政治人物

除了鄭太吉之外，一九九〇年代還有一個至今懸而未決的縣長槍殺案。

事情發生在桃園，被殺的是縣長劉邦友。

一九九六年十一月二十一日上午，數名頭戴面罩、身穿雨衣的男子，挾持桃縣議員莊順興闖入劉邦友官邸，制伏警衛劉明吉、劉邦亮後，持槍將警衛及劉邦友、鄧文昌及莊順興兩位議員、縣府機要祕書徐春國等九人押赴警衛室中近距離開槍。

凶手行刑式處決完後，挾持鄧文昌女祕書梁美嬌，駕駛停放門口的轎車逃逸，隨後梁美嬌獲釋，轎車也在桃園市往虎頭山的公園路上被發現，但沒有找到凶手身影。

直到現在，都還沒有找到。

劉邦友是桃園縣縣長，而且還是爭議很多的縣長。在任內他遭遇一連串起訴和彈劾，比如爆發假學歷案件、疑似圖利業者竊占國小預定地等，這些都還是被檢方不起訴的案件。

命案發生時，他身上還有楊梅農會貸款弊案、巨蛋體育館工程弊案、苗栗公館高爾夫球場弊案等爭議。

向來爭議不斷的劉邦友突然被人闖入縣長官邸槍殺，震驚全台。當時許多人猜測他又是因為土地的問題，與人牽扯不清所以才惹來殺機。

會不會再也抓不到人？

幾年前被抓的一位「劉邦誠」，自稱是劉邦友的堂弟，號稱劉邦友命案最後的嫌疑人，曾面對警方的詢問，對於命案既不承認也不否認，甚至說：「我老死獄中，世人就知真相。」

如果你的記憶還不錯的話，應該會有印象，二〇一九年，新聞報導幾起一九九〇年代的重大懸案，包括劉邦友案在內，可能會因為「追訴權時效」屆滿，就此石沉大海。所謂的「追訴權時效」根據刑法規定，犯罪完成後，過了一定的時間仍未起訴（按照犯罪輕重不同，期間從五年到三十年都有），國家對於犯罪的追訴權就會消失。簡單來說就是時間到了，就不能再起訴。

之所以要這麼規定，除了法律上所謂的「法安定性」之外，也要避免時間久了找不到證據導致誤判的風險。另外，有些犯罪過了數十年，還有沒有處罰的意義，也是另一個值得思考的問題。

在現實考量之下，法律不可能無窮無盡地去追訴所有犯罪，因此設計了「追訴權時效」的權衡規定。

但這樣的制度也有人有意見。二〇一九年，除了劉邦友之外，尹清楓、彭婉如等一九九〇年代發生的命案，由於遲未破案，眼看就要屆滿三十年的追訴權時效，許多人開始擔心，這些命案會不會因為法律的關係，從此沒有下文？

立法院在當年修法，將最重可判死刑、無期徒刑、十年以上有期徒刑，原先的追訴權時效是三十年，但案件發生死亡結果的罪，則追訴權改為沒有時效限制。

意思是你如果犯了殺人、重傷致死、傷害致死等罪行，除非你能撐到中華民國滅亡，不然國家可以追你一輩子。

而在新法施行前，追訴期間還沒屆滿的案件，則適用新法的規定。意思是九〇年代的命案，不會受到法律追訴期的限制。

黑金政治

針對一九九〇年代台灣的政治與地方派系密不可分的情形，有學者認為與司法的不獨立也有關係。

比如當時國民黨就曾利用司法逼迫黨外人士加入國民黨，甚至不獨立的司法，也可以保障政治人物貪污不被處罰。甚至在一九九五年，國民黨大老許水德就公開宣稱「法院也是執政黨（當時是國民黨）開的」。

所以司法改革後，逐漸獨立的司法體系一定程度衝擊了地方派系的黑金政治。

此外，自一九九二年以來，包括國會全面改選帶來的影響，讓台灣民主架構有了雛形，也越來越有聲浪要求廉能政治。

自此通過了許多法案，包括一九九八年通過的《政府採購法》、二〇〇〇年通過的《公職人員利益衝突迴避法》等相關陽光法案，使對抗貪腐的管理基礎更為周全，擺脫以往只是加重貪污刑度的消極做法。

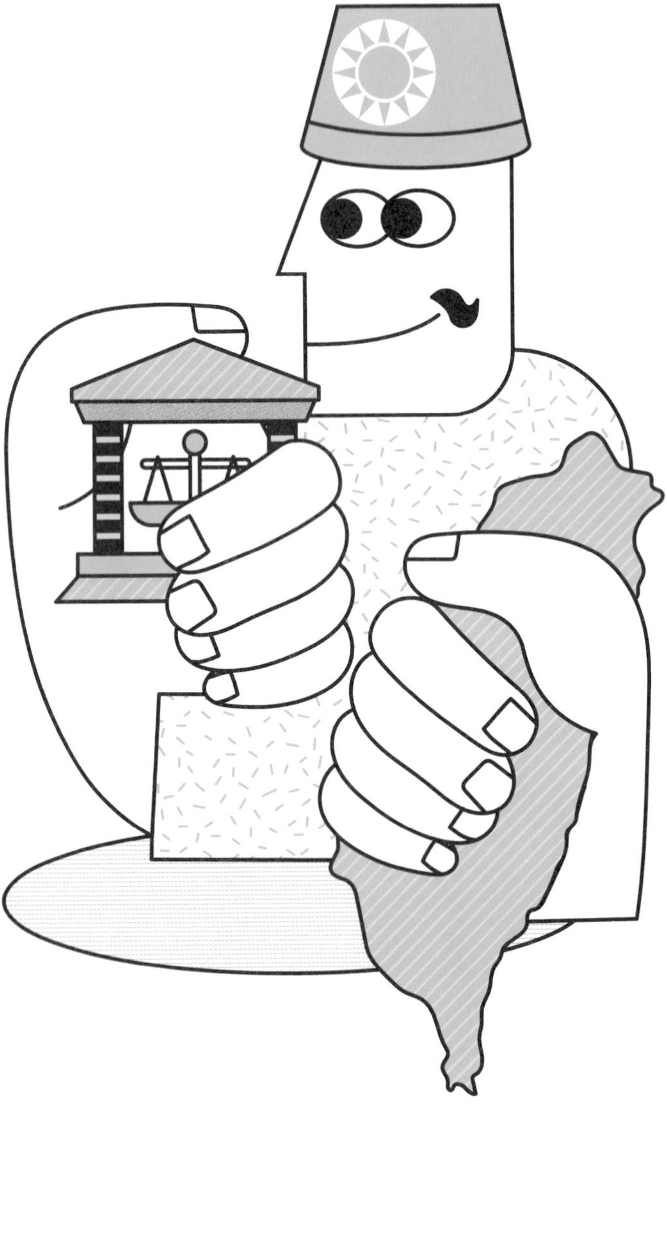

PART 3

我也是看法白才知道
許多人在努力

轉型正義在轉什麼？
File NO. JA00039G
File NO. JA00039C
File NO. JA00039B
O. JA00039A

發生什麼事??

我們很常聽到「轉型正義」四個字，而政府也制定了《促進轉型正義條例》，並成立了「促進轉型正義委員會」。

但轉型正義，到底在轉什麼呢？

促轉條例

根據《促進轉型正義條例》，立法目的如下：

威權統治時期違反自由民主憲政秩序之不法行為與結果，其轉型正義相關處理事宜，依本條例規劃、推動之。本條例未規定者，適用其他相關法律之規定。

然而在推動之前，我們必須要先來釐清真相，才能有轉型的可行性。真相呢？

轉型正義透過釐清加害行為並進行評價，使加害行為及加害者浮現。畢竟要先有真相、咎責，才會有和解。

追究加害者責任，是為了還給被害者正義和公道；也是為了鞏固法治、深化民主、保障人權，確保未來不會發生同樣的事情。

在釐清、評價過往威權統治時期歷史事實的過程中，不論方式為何，審判、紀念碑或儀式等，都可以不同程度地教育社會公眾。

而唯有民主政權不輕忽歷史，才不會使得前政權的錯誤被輕輕放下，成為前政權脫免罪責的幫凶。

然而在過往的歷史中，因為台灣民主轉型的寧靜，導致轉型正義被忽略，隨著時間越來越久，加害者模樣不僅更加模糊，似乎讓更多的加害者因此不需要付出代價。

挖掘真相的困難

雖然真相難以挖掘，但有相關的法制讓真相有露出的可能性。例如二〇一九年通過的《政治檔案條例》，就明定威權統治時期由政府機關、政黨等所保管的檔案，應自施行日起六個月內完成清查，必要時得延長半年；若相關機關拒絕將審定的政治檔案移歸為國家檔案者，可處最高五百萬元以下罰鍰，並得按次連續處罰。

不僅如此。促轉會即在二〇二〇年的二月設置「臺灣轉型正義資料庫」，民眾除了可上網查詢政治案件的受審情況，同時也可藉此分析戒嚴時期壓迫體制的加害者與參與者。這個資料庫掌握當時軍事審判侵害人權的情況，歷時一年多檢視政治檔案，並統計受裁判人的姓名與人數，以及識別參與案件審理的軍事審判官、軍事檢察官等人的姓名與職稱。

而這些名字，有些已經不在，但有些仍然位居要津，身為一般民眾，我們究竟可以怎麼樣來思考這件敏感的事？

轉型正義
資料庫

過去那麼久了，還要負責嗎？

許多人認為，事情已經過很久了，過去的事情就不用負責了，但另一方面，我們對於「現今」社會上發生的悲劇，卻又帶著一定要追究的態度。

這背後有一個很重要的原因，就是在於我們能不能知道「加害者」，因此透過資料庫，我們可以慢慢讓具體的可能加害者形象浮現，知道誰在那個威權時代做出服膺威權的事情。

可能是故意，當然也可能是服從。

但至少對於過去那種簡單且廉價的「集體」形象，可以有新的衝擊，也就會重新建構「追究」的可能性。

我也是看法白才想到

在台灣，每次提及轉型正義時，總會聽到有人問說：「別國有這樣嗎？」
我們來看看其他國家的例子。

捷克的經驗

捷克是一個在轉型正義上採取比較激進做法的國家，原因在於當初民主革命時，就是遭到暴力的鎮壓，所以被害人要求追究元凶的聲音始終持續。

而在一九九〇年初，國安局被揭發長期持續地跟監、刺探反對運動，運用大量的線民潛伏其中，是以群眾一方面義憤填膺，一方面也人人自危，紛紛要求揭露擔任國安局線民的名單。

約莫同時，新的民主政黨政治人物，也爆發涉嫌濫用國安局檔案，以污名化政治對手的事件。政黨為了自清，針對一九九〇年的大選，自行「淨化」黨內的參選人，先內部「除垢」了起來。

而當時的社會與政治氛圍均認為：民主化後的新興捷克，面臨經濟與制度等方面的艱困局勢，民主機制必須擁有較高的正當性，否則將功虧一簣。

也因此，基於相當程度的人事清查與除垢，成為社會與朝野之共識，捷克採取一個比較激進的做法。

例如《大除垢法》，這個法律規定，如果是要擔任選舉的職位、國家行政機關、國防部，或是法官等，你在一九四八年至一九八九年之期間，不得具有國家安全局成員、共產黨高階幹部等身分。

簡單來說，就是如果你於共黨執政時期，曾於政府、情治、軍警、共產黨務組織服務，有許多職位你都不能擔任。透過這樣激進的做法，掃除威權舊勢力，建立新政府。

波蘭的經驗

波蘭基本上對於轉型正義，並非像捷克一樣採取比較激進的手段，而是由團結工聯、天主教會，甚至波蘭共黨內部的改革力量一起催生。

不可諱言，這條路線確實有助於轉型關鍵期間政治社會秩序之穩定，但許多人認為它並未解決問題，只是推遲或暫時排擠而已。

然而後來波蘭國會還是有提出相關的法案，所有相關公務員必須向專責人員報告過去與國家安全機關之接觸情形。

具體來說，此法要求二至三萬名民意代表、法官、檢察官、國營媒體通訊社之主管們，提出是否曾與祕密警察合作之聲明。

如為肯定，並不直接免職，而是公開其姓名；如為否定，則將聲明與相關資料傳遞予檢察署，由其依據檔案資料詳加比對，如經證明聲明有偽，則稱之為「除垢說謊者」，向特別之除垢法庭起訴，由其判決宣布處以禁止擔任公職（至多十年）。

一般認為，波蘭的人事清查與除垢，顯然來得太晚，已經不足以在民主化之際的黃金時刻，排除舊政權的幫凶進入新的國家政治生活。

相對捷克明確創造「讓舊政權菁英排除於新政權重要位置之上」的效果，波蘭就顯得有限；此外，相較捷克擴及許多領域，甚至觸及高層的共黨幹部，波蘭卻僅聚焦於祕密警察與情報單位——簡言之，兩者「去共黨化」的效果，差異極大。

至於兩國在執行過程中的共同副作用，像是當新政府大幅採用除垢法規剔除與舊政府牽連的人員，但由於其中一定有不少人在舊政府執政之際，就發現威權不妥之處，卻因為種種逼不得已而必須噤口，否則原本生活將無以為繼。所以除垢手段對此種人來說是否過苛，也引發爭議。

南非怎麼做？

南非在轉型正義上選擇了第三條路：一種透過「和解弭平傷痕，以真相換取赦免」的修復式正義。南非經驗即是此類轉型正義工程的典範。

他們所追求的不僅是一個刑事判決或具體處罰，而是把焦點放在如何建立並促進關係的過程。

南非曾經經歷非常惡名昭彰的種族隔離體制，在運作四十多年後，最後在反抗中成功展開民主轉型。

轉型協商之際，考量為了維繫新興政府運作，政府仍需保留大量公務員，才能夠維持正常營運，因此需與舊有勢力共享權力，並赦免特定官員。

再者，彼時的司法體系在裁判品質與人力上，可能也無法負擔大量的審判案件，況且有許多罪行的證據與檔案早已被銷毀，若堅持司法途徑，是否能確實將加害者定罪也有疑慮。

由於改革勢力還不能夠與既有白人勢力分庭抗禮，且後者也未必甘心移轉政權，所以執政當局也不得不體認，為順利推行民主化，只好做出一定妥協。

各方後來在一九九三年達成共識，訂定過渡憲法，為一九九四年結束種族隔離體制後的全國首度民主選舉，與後續產生立憲代表、制訂正式憲法奠定基礎。

過渡憲法將「和解而非復仇」作為處理種族隔離遺害的目標，要求國會制訂法律處理赦免的標準、機制與程序問題，以促進社會的和解與國家的重建。

委員會會調查究竟有何違法狀況，如過去在種族隔離時期所掩飾的種種犯行，是否為維持種族隔離制度所為？

另人權侵害委員會也在全國舉辦聽證會，透過媒體帶領的密集傳播與討論，使全國人民在幾年之內都能接受這段黑歷史的淬鍊——尤其是白人，很難再假裝整部體制所帶來的不公，跟自己的生活毫無瓜葛。

曼德拉總統任命聲譽崇高的屠圖主教出任真相與和解委員會主席，在白人疑懼真相調查淪為勝利者的復仇，黑人社群忿忿不平於和解設計的紛雜輿論中，帶領委員會前行。

而真相與和解委員會的特色在於，除能讓被害人暢所欲言，而不只是在法庭上被對造律師苦苦相逼，而得以公開訴說內心深處的痛、帶來療癒之外，也在加害者完整交代罪行的前提下，給予適當的司法赦免，而被視為權衡折衝下的必要取徑。

然而，現實並非如此完美。

實際站上法庭者卻是屈指可數，具體的正義付之闕如，也讓不少受害者雖然在公聽會上宣稱願意和解，但私下卻又表示相反見解。

此外還有加害者的僥倖心態，過往遍布南非各處的人權侵害雖層出不窮，但正式提出特赦申請的案件還是不如預期，這主要是因民主化後的南非司法體系尚未健全，加害者願意冒險一賭。

最後在補償方面，由於種族隔離的被害者人數眾多，也讓補償與復原方案的擬定格外困難，進度也相對緩慢。

德國怎麼做？

第二次世界大戰後同盟國為了處理戰爭發動者與嚴重的人權侵害問題，在德國紐倫堡的國際軍事法庭，審理戰犯問題；此外，德國也在境內針對納粹時期的不法行為，打造加害者與國家間的刑事訴訟關係。

紐倫堡審判的緣起來自盟軍反抗納粹，盟軍在戰勝後，開始面對另一重要問題：誰該為這些罪行負責？

因此，歐洲戰場的四大戰勝國，便在紐倫堡開設軍事審判庭，開始審判戰犯，並且同盟國更將許多納粹領導人予以起訴，強調其不贊同把戰爭責任綁在「國家組織」身上，反而應確認具體行為責任要由哪些特定的人來背負。

德國法院從一九四五年開始，與盟軍同時對納粹時期的犯行進行刑事追訴。戰後西德政府針對應如何處理相關納粹犯行之追訴時效即將屆至的問題，曾進行憲政與實務面向爭辯，後在無違憲疑慮的前提下，修法將殺人罪的追訴時效延長至三十年。其後更於一九七九年，將殺人罪名之訴訟時效完全廢除，使檢察官得以永久性地起訴納粹的屠殺行為；只要犯罪行為人還活著，檢察官原則上就可以將之起訴。

但這仍有其極限。

例如「恐怖伊凡」，聽說曾「親手」將數百位猶太人送入毒氣室；因此，他在一九八六年被送往以色列受審，並在一九八八年被判處死刑，但在一九九三年時，因以色列最高法院證實「恐怖伊凡」另有其人，撤銷他的罪名。

獲釋後，他回到美國繼續生活，但後來因檢調單位找到被他帶進毒氣室的「受害者名單」等罪證，再度將他送往德國受審，他隨後在二〇一一年被控謀殺，並判處五年徒刑。但他直到去世前，都還在提起上訴。

討論最為熱烈的問題就是：東德時期的邊境守衛及其上級長官，是否要為射殺「翻越邊境」的人民，負起刑事責任，畢竟那是法律所規定的。

而柏林圍牆建成後，首次發生擊斃情況，是發生在一九六二的彼得．費查（Peter Fechter）事件。彼得．費查，當時十八歲，是建築圍牆的工人，他利用修築隔離牆時，與朋友庫爾貝克（Kulbeik）藏在邊境檢查哨附近的一間木匠工作室裡，企圖投奔到西柏林。

當庫爾貝克已成功越過牆，費查正準備跟著翻牆之際，卻被東德士兵槍擊。遭受槍擊後，他並沒有立刻死亡，而是爬回靠近東柏林鐵網圍籬邊求救。但在長達一小時的時間裡，他都等不到任何一方的醫療援助，最終失血過多而死。

當時兩名向費查開槍的東德士兵，後來分別被判刑二十一個月及二十個月。

在向法庭承認罪行之後，兩名士兵都為當年的射擊道歉，並為此行為感到悔恨，但也表示這是出於當年的職責所為。

然而為何明明是合法行為，卻要被判有罪？

這是因為前述判決作成前，一九九六年德國聯邦憲法法院即表示：原則上犯行的確只有在違反當年東德有效的法律時才應受到制裁。

但在極端例外的狀況，特別是基於歷史的偶然，民主德國的法院必須依據非民主東德政權的舊法律進行審判時，如果東德政權的刑法規定一方面嚴禁殺人，一方面卻又把不正義的屠殺行為列為可以被正當化的殺人理由，等於是違反了憲法的法治原則。

台灣呢？

目前大家對於加害者的想像，就是集中在對於威權領袖的責怪，但是對整個社會各個職位上的加害行為，卻缺少像德國這樣更細緻的檢討咎責。

當然原因也在於台灣的民主轉型和平，讓轉型正義在過程中被犧牲，以致針對加害者的討論十分缺乏。

隨著時間的過去，也有越來越多人意識到「時間，對於這些加害者來說，已經太寬容了」。

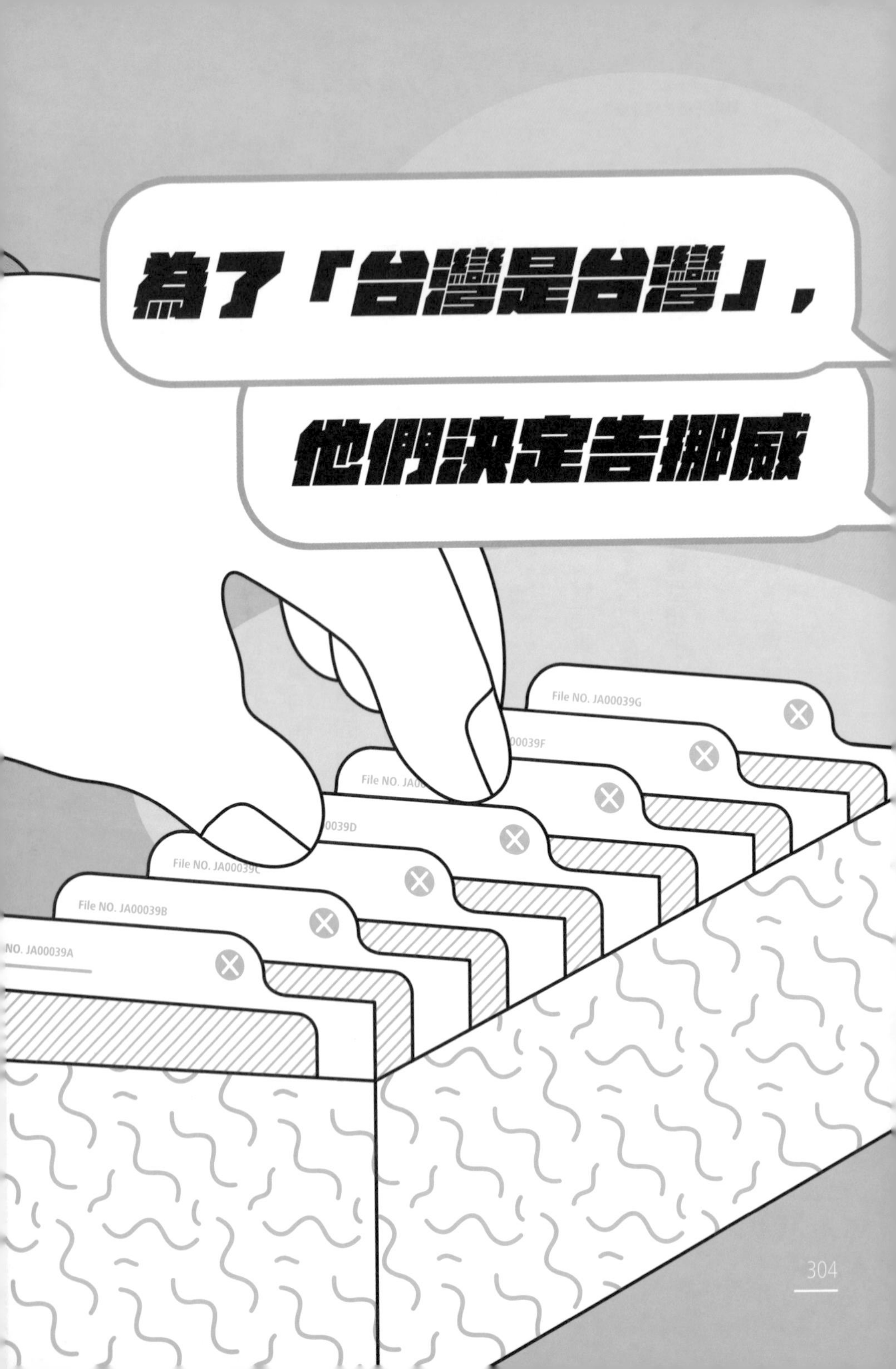
為了「台灣是台灣」，
他們決定告挪威
File NO. JA00039G
00039F
File NO. JA0
0039D
File NO. JA00039C
File NO. JA00039B
NO. JA00039A

發生什麼事??

有一群台灣留學生在挪威，居留證國籍被強制註記為「中國」，他們發起「在挪台灣人國籍正名運動」，向移民局、台灣代表處抗議，也在二〇二〇年向奧斯陸地方法院起訴，主張挪威侵害人權。

然而，他們在挪威國內訴訟都敗訴；二〇二一年，他們向歐洲人權法院起訴，卻仍被不受理。

為什麼他們堅持這麼做？

國籍被註記成中國，跟人權有什麼關係？

「在挪台灣人國籍正名運動」發起人 Joseph 主張，將居留證國籍註記為中國，是侵害《歐洲人權公約》的第 8 條「隱私權」。而隱私權大家會直觀想到洗澡不能被偷看、裙子不能被偷拍，為什麼居留證被註記為中國，會與隱私權有關係？

Joseph 說，隱私權的性質是一個補遺的基本權，為了保障人性尊嚴及個人主體性、個人生活私領域有關者，因此無法被《歐洲人權公約》具體述及的權利，就會被含括在隱私權中，例如身分認同權。

挪威法院怎麼說？

這樣看起來，國籍認同應該與隱私權是有關係的，那為什麼三審法院都駁回？

針對《歐洲人權公約》第 8 條，目前已有跟性別、種族身分認同有關的判決，但是還沒有以國籍認同為主題的判決，由於國籍涉及一個政府是否要「承認」另一個政府或國家的問題，將影響到國家最高主權的象徵。

判決書說，挪威是一中原則，政府律師也丟出挪威外交部長被國會質詢時說的話，台灣是中國的一部分。但是這個外交政策顯然與人權有衝突。

一審法院也提到，台灣人確實有稱自己為台灣人的身分認同，但是這個身分認同不一定要以國籍來表彰，可以用出生地、種族來表彰即可。

歐洲人權法院是什麼？

它是歐洲首屈一指的人權監督者，也是國籍正名運動的最後關卡，怎麼說？

歐洲人權法院是從歐洲人權理事會誕生，挪威就是創始會員國之一，歐洲人權法院的判例對於已簽署並承認《歐洲人權公約》的四十七個會員國具有拘束力，也就是沒有遵守的話會有相應的制裁。

但是並非所有案件都能起訴到歐洲人權法院，必須是侵害《歐洲人權公約》有提到的權利，而保障內容主要出於一九四八年聯合國《世界人權宣言》所揭示的公民及政治權利清單。

並且要窮盡國內所有法律救濟途徑，也就是國內都輸，輸到底，國內救濟途徑解決不了的才能來找歐洲人權法院。類似我國一般人民要提出大法官釋憲，必須先用盡一般法院程序打到終審的意思。

也就是說，Joseph 這次向歐洲人權法院起訴，對台灣人來說有指標性，因為這是一個歐洲的案件，而非限縮於挪威，做出的判決將對四十七個國家有拘束力，也就是這些國家不能再對台灣國籍有「中國」的註記。

「I'm from Taiwan not from China.」

Joseph 說，國籍正名運動在挪威當地造成輿論，例如挪威最大報《晚郵報》也在持續追蹤報導。由於挪威算是一個人權大國，挪威民間有支持的聲音認為，不需要因為賣鮭魚放棄其根本價值（二〇一〇年諾貝爾和平獎頒給劉曉波後，中國刁難挪威的鮭魚進口）。

「我明明叫做 Joseph，但你叫我 Michael，當然會很自然地去糾正這不是我的名字。」Joseph 說，這是一個為台灣人打的訴訟，這個案件將為全世界畫下里程碑，如果勝訴了，是歐洲第一個針對「國籍認同」做出的判決，更是與台灣有關的判決。

台灣為什麼沒有軍法？
File NO. JA00039G
File NO. JA00039C
File NO. JA00039B

發生什麼事??

時常有人說，台灣因為「沒有軍法」，因此軍紀混亂。甚至還有政治人物說過：「一個軍隊沒有軍法，也就是未來一旦發生戰爭，軍人把槍一丟，跟長官說我爸爸會找律師，回來幫我打官司，這個部隊還有什麼戰力？」

但是，台灣真的沒有軍法嗎？

送軍法！

我們常常提到的「軍法」，指的是《陸海空軍刑法》和《軍事審判法》。前者是軍人犯罪時適用的法律，也就是軍人用的「刑法」；後者則是軍人觸犯《陸海空軍刑法》時，適用的刑事訴訟程序，也就是我們常常提到的「送軍法審判」。

根據目前《軍事審判法》規定，只有戰爭時期的軍人犯罪才會動用到軍事審判；

和平時期的軍人犯罪，則一律依《刑事訴訟法》的規定，由普通法院、檢察署進行追訴、審判、處罰。

也就是說，現役軍人如果觸犯《陸海空軍刑法》規定的犯罪，和一般人一樣都適用《刑事訴訟法》規定的刑事訴訟程序，由檢察官偵查、起訴，由普通法院審判。

在二〇一三年以前，若軍人觸犯《陸海空軍刑法》，會用《軍事審判法》進行追訴、處罰，相關程序由國防部依《軍事審判法》設立的軍事檢察署和軍事法院負責。

球員兼裁判？

在台灣，各級法院隸屬於司法院，而各級檢察署則隸屬於行政院法務部。但軍審法不一樣，無論是軍事法院還是軍事檢察署，都由國防部設立，也因此被質疑是「球員兼裁判」。此外，審判權理論上應該由司法院行使，但軍事審判程序卻是歸國防部，也有行政權侵害司法權的爭議。

過去，軍事審判制度的存在也不斷被挑戰其合憲性。

根據一九五六年《軍事審判法》規定，被軍事檢察官起訴以後，會送到審判庭進行審判，在宣判之前，必須經過審判庭所屬軍事機關的長官核定，長官核定後才會進行宣判；如果長官不核定，可以對判決進行「覆議」，退回原本的審判庭進行重新審判，不過覆議只能進行一次。

宣判後，當事人、軍事檢察官等人可以在判決送達後聲請「覆判」（概念和上訴不太一樣），覆判庭審判以後，由覆判庭所屬軍事機關的長官，甚至「總統」進行核定，長官核定後才會宣判；若長官不核定，也可以把判決「覆議」，送回覆判庭再審判一次。（覆議一樣也只能一次）

問題就出在「覆議」制度，軍事長官可以在認為判決不當或判決違法時發交覆議。這也讓軍事長官有干涉判決的空間，雖然軍事長官至多只能發交「覆議」，要審判庭（或覆判庭）重新審理，不能變更判決，但實際運作上，卻常常出現軍事長官用公文批示判決內容的情形，顯得軍事審判機關欠缺獨立性。

而覆判庭依照刑責的輕重分成普通覆判庭和高等覆判庭，只有高等覆判庭的判決由總統核定，但實際上也出現普通覆判庭判決送給總統核定的情形。

這樣混亂、欠缺獨立性的審判制度，被認為是威權時期冤案頻繁的主因之一。

覆議

第一次修正

直到解嚴後，一九九七年終於有人將《軍事審判法》相關規定聲請大法官解釋。大法官認為，當時的《軍事審判法》規定國防部是「最高軍事審判機關」，使得軍事機關完全掌握具有司法性質的軍事審判，違反了權力分立原則；長官的核可、覆議權，使得行政權有介入司法的空間，且不允許被告向普通法院申請救濟的規定，也都違反了憲法的規定。

一九九九年，立法院修正《軍事審判法》，設立了軍事法院制度；而且也允許最高軍事法院、高等軍事法院的被告上訴到「最高法院」救濟。

然而，這樣的規定並未能平息大家對軍事審判制度的質疑。畢竟軍事法院和軍事檢察署仍是由國防部設立，且軍事法官、軍事檢察官都是由國防部任用，軍事審判制度的公正性依然不被信任。

直到二〇一三年洪仲丘事件爆發後，人們對軍事審判制度的不滿到了最高點，立法院也修正《軍事審判法》，明文規定在和平時期的現役軍人，只要犯罪一律適用《刑事訴訟法》，由檢察署追訴、普通法院審判。

參考法條

Laws and Acts

《軍事審判法》第1條

I 現役軍人戰時犯陸海空軍刑法或其特別法之罪，依本法追訴、處罰。

II 現役軍人非戰時犯下列之罪者，依刑事訴訟法追訴、處罰：一、陸海空軍刑法第四十四條至第四十六條及第七十六條第一項。二、前款以外陸海空軍刑法或其特別法之罪。

III 非現役軍人不受軍事審判。

《陸海空軍刑法》第1條

現役軍人犯本法之罪者，依本法處罰。

不愛中華民國
是犯罪嗎？
File NO. JA00039G
File NO. JA00039C
File NO. JA00039B
NO. JA00039A

發生什麼事??

雙十連假，許多地方也會插滿「國旗」，路上旗海飄揚，那首從小唱到大的歌，你心中應該也開始跟著哼著「青天白日滿地紅」吧。

但如果你看這面旗子不太順眼，車輪轉呀轉的，心中一把火生起——可以讓這把火具象化，放火燒了國旗嗎？

刑法跟你說：不行。

侮辱國徽國旗罪

根據刑法第160條第1項規定，「意圖侮辱中華民國，而公然損壞、除去或侮辱中華民國國徽、國旗」，可以處一年以下有期徒刑、拘役或九千元以下罰金。

從國家的角度來看，無論是國徽還是國旗，都是國家權力的象徵，不容許任何人侮辱。因此只要是基於侮辱中華民國的意圖，無論是公然損壞、除去或是侮辱國旗和國徽，都會構成本罪。

二〇一五年十月十日，有幾個人在新北市中正橋上用剪刀和美工刀剪掉好幾面國旗，後來被以犯除去國旗罪起訴，一審法院判決拘役二十日。上訴以後，新北地方法院合議庭認為，被告透過損壞國旗作為政治性言論的表達，屬於憲法保障的言論自由，因此改判無罪。

檢察官再上訴以後，高等法院認為這條規定有違憲的疑慮，因此裁定停止審判，並聲請釋憲，目前還在等待大法官裁判。

但並不是每個法官都這麼認為。

二〇二〇年，高等法院判決一個燒國旗的被告有罪。

被告在燒國旗時說：「今天將這個代表殖民體制的車輪旗燒掉！」高等法院認為，被告這樣的言論就是在意圖侮辱中華民國，並依損壞國旗罪判處拘役五天。

被告上訴到最高法院以後，最高法院駁回上訴。最高法院認為，引起爭議固然是言論自由的功能之一，充分保障具有挑釁且飽含政治意味的理念性表達行為，更是多元、自由社會中彌足珍貴的事情。我們必須容忍、尊重人民對於觸及既有秩序的核心議題唱反調，更應該讓任何與主流意見不同的人，都能自由自在地表達他們的看法，這不僅不會削弱自由，更能彰顯言論自由的內涵。若我們無法這麼做，等同要求人民說謊，傷害了得來不易的言論自由。

因此，單純公開地表達對國旗的輕蔑、藐視，仍在表現自由的範圍內。但高等法院卻認為，國旗除了是國家象徵之外，在中華民國特殊的處境、社會氛圍下，更有特殊的角色。保護國旗已非單純維護國家的象徵性價值或藉以團結國家、鼓舞人民感情。

如果為了侮辱中華民國，而公開焚燒國旗，法院認為這樣的強烈手段，若形成風潮，不只是單純的國家認同、國家團結的問題，而已經危害國家安全，甚至是國家生存的問題，基於產生的影響和對國家利益的危害，燒國旗已經超越了言論自由保障的範圍。

侮辱創國者遺像

刑法第160條第2項規定，「意圖侮辱創立中華民國之孫先生，而公然損壞、除去或污辱其遺像」，亦同。

有人主張，刑法的法條只規定「創立中華民國之孫先生」，並沒有指名道姓是哪一位「孫先生」。因此侮辱了孫中山的遺像，能否構成本罪值得商榷。像是許多名人、作家表示現在的小朋友都不認識孫中山，在大環境的影響下，刑法只寫了「創立中華民國之孫先生」，要侮辱哪一位孫先生才會構成本罪，更沒有人知道了。

著名的刑法學者林山田教授也在教科書中批評，相關行為可以用「侮辱死者」或「毀損」兩罪來處罰，更何況本條放在「妨害秩序」罪章中，卻看不出本罪要保護的公共秩序在哪裡，應該直接刪掉。

二〇一九年，有人認為本罪違憲，為了藉由大法官宣告違憲來讓這條罪失效，於是在高雄地檢署外焚燒孫中山的遺像，也因此成功被起訴，高雄地方法院審理後也認為法律有違憲的疑慮而聲請釋憲。

然而，這個案子目前也還躺在憲法法院等待大法官裁判。

美國人可不可以燒國旗？

我們把視角拉到一九八四年的美國。當年雷根總統為了尋求連任，共和黨在德州舉行全國大會，有個叫做強森（Gregory Johnson）的人在抗議活動中為了抗議當時的雷根政府，因此燒了美國國旗。

而雷根總統是著名的保守派代表，一九八〇年代在他主張的「新保守主義」下，保守派以美國為傲，熱愛揮舞國旗。燒國旗這件事，對於保守派而言不僅是強烈的衝擊，更踩到了他們的底線。

當時德州法律規定，若毀損或褻瀆受人尊敬的物件，是犯罪行為。因此強森被判處有期徒刑一年、罰金兩千美元。他不服氣，一路上訴到聯邦最高法院。

最後，聯邦最高法院認為，強森是為了透過「燒國旗」這件事傳達他的政治意見，這個「言論」屬於憲法要保護的範圍。

燒國旗也是一種言論！

言論除了講話、寫字這種字面上的意義之外，也包括一些「行為」。有些事情無法用言語表達，只能訴諸行為，而這種「行為」也是一種言論，在法律上叫做「象徵性言論」。

美國法院曾經這樣形容象徵性言論：

如果他的目的在於表達，而且事實上有作為在表達，並成為一種客觀上能被了解的方式，就是言論。

聯邦最高法院在一九六八年的美國訴奧布賴恩（United States V. O'Brien）案子中進一步強調，象徵性言論的範圍必須具有「傳達性」的要素，要有表達性的目的。這句話的意思是，你不能單純為了做某件事情而做，行為背後必須有你想要傳達的理念，否則就不是象徵性言論。

台灣法院判決也承認象徵性言論的存在：

人民表達想法與觀點，本非局限於使用聲音或文字為之，諸如政治上的抗議、文化藝術的創作等等，往往會透過不同或較為另類的行動來表現，尤其是物理性的動作。此種不同於一般以聲音、文字的行動表現方式，學理上稱為「象徵性言論」。

回到強森燒國旗的這個案子。聯邦最高法院認為，除非言論表達的結果有「清晰而且立即的危險」，否則政府不應該處罰個人言論。因此強森燒國旗的行為並沒有煽惑暴亂等等「不法的結果」，他的言論必須被保障。

最重要的是，政府不能用法律來規定國旗只能「被尊敬」卻不能燒毀，使得國旗只有一種表達方式。進一步來說，若一定要尊敬國旗，那麼要不要尊敬華盛頓？能不能燒毀華盛頓的畫像？如果要尊敬，必須問：為何要尊敬這些東西？且誰來決定為何要尊敬？為什麼人民不能選擇不尊敬？

若要將特定的符號、象徵，透過法律要求人們表達一種態度，這樣的法律規定，違背了美國憲法保障的言論自由。

聯邦最高法院說道：

憲法所要保護的是「人民的自由」，即便那意見不是美麗動聽、不是眾人喜歡，甚至可能是醜惡或是令人反感的，但它是民主社會中人民應該可自由表達的意見。

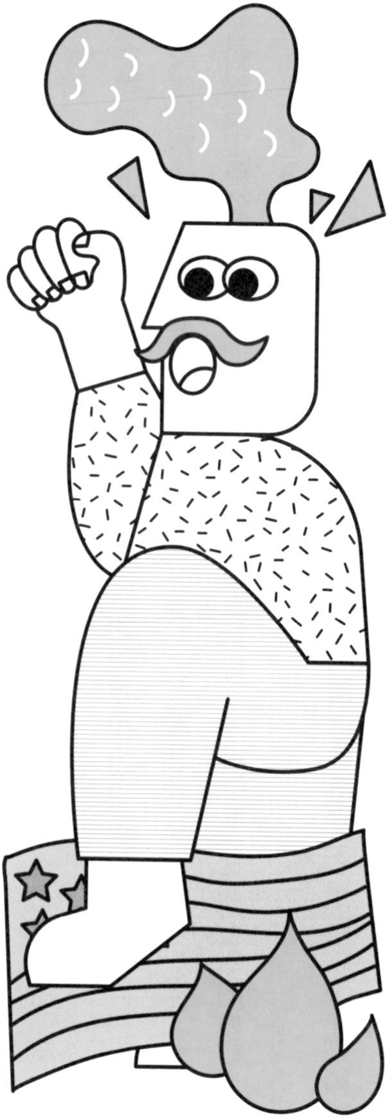

一定要愛國旗嗎？

國旗對不同個體或群體而言，其所彰顯的意義並非一致。這面旗子對於不同族群來說，可能象徵榮耀、可能象徵壓迫；可能象徵熱血的揮灑、更可能象徵了屠殺的鮮血。若國家一定要公民面對這面旗子時必須是同一種模樣，那麼這面國旗所象徵的會是自由的光榮？還是對個體的壓迫？

前面提到的最高法院判決，法官認為目前台灣的政經狀況下，燒國旗不只是國家認同因素，更可能是國家安全的危機。但法官似乎忘了，這面國旗、這個國家，以及過去幾十年來複雜的歷史因素下，台灣人對於「中華民國」及其符碼複雜的態度。

如果一個國家必須靠法律強迫人民愛國家、愛國徽、愛創立國家的孫先生，這樣的愛國，還是偉大的嗎？

參考法條

《中華民國刑法》第160條

I 意圖侮辱中華民國，而公然損壞、除去或污辱中華民國之國徽、國旗者，處一年以下有期徒刑、拘役或九千元以下罰金。

II 意圖侮辱創立中華民國之孫先生，而公然損壞、除去或污辱其遺像者，亦同。

Laws and Acts

警察看一下證件
會怎樣？
File NO. JA00039G
File NO. JA00039B

發生什麼事??

媒體報導，桃園市中壢區一名民眾在路上突然被警察攔檢，並質問「你是誰？」、「你從哪裡來？」、「你要幹麼？」、「有沒有帶證件？」、「你叫什麼名字？」

但他認為沒有回答的必要，因此拒絕提供個資，其後雙方發生拉扯、後來被警察上銬，而拉扯的過程中當事人疑似辱罵員警「蠢」，被警察以妨害公務為由逮捕。後來，這位民眾也控告警察公務員假借職務上機會故意犯強制、傷害等罪。

二〇二一年，檢察官在偵辦以後，雙雙不起訴，但這個案子也重新引起人們對警察盤查的關注。

警察可不可以隨便盤查你？

警察可以隨便盤查路人嗎？答案是不行。

大法官曾經說過，不管是路檢、盤查還是取締，警察臨檢都要有法律的明確規範。

法律並沒有授權警察可以有「不顧時間、地點、對象」任意臨檢的權力。

《警察職權行使法》規定，警察在行使職權的時候，必須「穿著制服」或「出示證件」表明身分，並且「告知事由」，否則人民可以拒絕。

此外，警察只有兩種情形「必要時」可以查驗人民身分：

1. **有「合理理由」懷疑人民「與犯罪有關」。**
2. **為了「處理重大公共安全或社會秩序事件」。**

如果人民認為警察沒有依法行使職權，而且權利被警察侵害了，此時宜提出「異議」，並要求警察製作紀錄，事後也可以訴請行政救濟。

話雖如此，一般人面對警察臨檢時，可能會被警察的話術矇騙，一時腦波弱就被臨檢了。現在就來和大家說，這些情況下警察能不能臨檢：

公共場所

警察可以在公共場所臨檢，但前提是某個人必須讓警察產生發生危害的合理懷疑。

簡單來說，不是某個穿著隨便的人轉頭看警察一眼，就可以把他攔下來臨檢。

旅館

旅館雖然不是你家，但在你住進去的當下，就屬於你的私人空間，任何人——包括警察——都不能闖入。即使警察進入旅館，也必須要在「發生危害的合理懷疑」下，像是有證據指出房裡的人正在犯罪，才能發動臨檢。

沒做壞事為什麼不給看後車廂？

即使被攔下來了，警察也不能隨便看你的後車廂。除非被臨檢的人有攜帶足以自殺、自傷或傷害他人生命身體的物品，否則警察原則上不能順勢檢查身體或攜帶的物品。

這個例外的目的是為了保護警察和附近民眾的安全（例如防止被檢查的人突然舉槍），換句話說，在這個目的之外，警察並不能隨意發動檢查。

配合一下又不會怎麼樣？

當然不行，《警察職權行使法》也規定，義務人或利害關係人，可以對警察行使職權的時候，當場表達異議。

若警察同意人民的異議，必須立即停止或更正行為；若不同意，則人民可以請求警察記錄異議理由，日後提起行政救濟的時候可以作為證明。

最重要的是，警察面對人民的異議，不可以隨便用一句「配合一下又不會怎樣」敷衍過去。

我也是看法白才想到

為什麼有這些規定？

臨檢之所以有這麼多規定，其實有個故事。

有一位李先生，跟他母親以及弟弟住在台北市社子，原本家中有一間小工廠，但後來也收起來了。李先生在一九九八年某日，出門去吃東西，吃完後正當行走在橋上準備返家時，碰到警察進行臨檢，並要求他拿出證件。

他覺得很奇怪，每天在家附近走來走去都不用帶證件，所以他直接拒絕，並且準備要離開，但警察又不肯讓他走，他只好嘴巴一直嘟囔著：「走路不用帶證件！」

警察當然不耐煩，直接開始進行搜索，李先生一生氣，直接開罵：「幹你娘！搜什麼搜！」李先生這樣辱罵警察，並且還動手動腳，當場就被帶回警局，並且打給他弟弟，叫他來處理一下。

弟弟到了警局之後，不斷向警察解釋，並且道歉，表示哥哥精神有問題。但因為警察不採信，並且在警訊的過程中，李先生非常茫然，答非所問，甚至還被帶到地下室按指紋，李先生在這樣的過程中嚇到不行。

最後李先生被以妨害公務起訴，雖然一審無罪，但最後還是改判拘役二十天確定，並且緩刑兩年。

李先生的弟弟雖然只有國中畢業，但因為也曾發生過法律上的糾紛，所以自己苦讀法律的書籍打過官司。

他覺得法律這樣規定，十分不公平，他不能接受自己的哥哥被法律這樣對待。於是他翻閱法律書籍，並且到處找免費的法律諮詢，其中還得到碰壁的答案，讓他非常難過。但即使如此，他更不願放棄，他絕對要幫哥哥討一個公道！

直到後來找到張炳煌律師，他和同事范文清律師合作寫出了釋憲聲請書，在二〇〇一年大法官做出釋字535號解釋，才終於打贏這場法律持久戰。

大法官在釋字535號中認為，除了法律另有規定外，警察執行臨檢勤務，應限於「已發生危害或依客觀、合理判斷易生危害之處所、交通工具或公共場所為之，其中處所為私人居住之空間者，並應受住宅相同之保障」。

另外在對人實施臨檢部分則明定，「須以有相當理由足認其行為已構成或即將發生危害者為限，且均應遵守比例原則」。

公務很容易妨害嗎？

新聞上常看到警察動輒以「妨害公務」逮捕人，但公務真的有那麼容易妨害嗎？

高等法院曾經明確說過，要成立妨害公務罪的前提，必須有一個「合法」的公務。而法條也規定，妨害公務罪是對「公務員依法執行職務時，施強暴脅迫」。

反之，如果公務員不是「依法執行職務」，此時的強暴、脅迫行為就不會成立妨害公務罪。

沒有問題為什麼要被臨檢？

每當類似的事件發生時，總有「如果沒有犯法，幹麼怕警察」之類的聲音出現。但反過來想：「如果沒有問題，幹麼要被臨檢？」

警察依法執行職務，對維持公共安全與社會秩序而言當然非常重要，但並不代表可以不受監督、不受拘束地任意侵害人民權利。作為法治國家，人民不必擔心警察突然沒來由的「臨檢」，應該是最基本的要求。

警察法條

Laws and Acts

《警察職權行使法》第 4 條

I 警察行使職權時，應著制服或出示證件表明身分，並應告知事由。

II 警察未依前項規定行使職權者，人民得拒絕之。

《警察職權行使法》第 6 條第 1 項

警察於公共場所或合法進入之場所，得對於下列各款之人查證其身分：一、合理懷疑其有犯罪之嫌疑或有犯罪之虞者。二、有事實足認其對已發生之犯罪或即將發生之犯罪知情者。三、有事實足認為防止其本人或他人生命、身體之具體危害，有查證其身分之必要者。四、滯留於有事實足認有陰謀、預備、著手實施重大犯罪或有人犯藏匿之處所者。五、滯留於應有停（居）留許可之處所，而無停（居）留許可者。六、行經指定公共場所、路段及管制站者。

《警察職權行使法》第 8 條

I 警察對於已發生危害或依客觀合理判斷易生危害之交通工具，得予以攔停並採行下列措施：一、要求駕駛人或乘客出示相關證件或查證其身分。二、檢查引擎、車身號碼或其他足資識別之特徵。三、要求駕駛人接受酒精濃度測試之檢定。

警察法條

II 警察因前項交通工具之駕駛人或乘客有異常舉動而合理懷疑其將有危害行為時，得強制其離車；有事實足認其有犯罪之虞者，並得檢查交通工具。

《警察職權行使法》第29條

I 義務人或利害關係人對警察依本法行使職權之方法、應遵守之程序或其他侵害利益之情事，得於警察行使職權時，當場陳述理由，表示異議。

II 前項異議，警察認為有理由者，應立即停止或更正執行行為；認為無理由者，得繼續執行，經義務人或利害關係人請求時，應將異議之理由製作紀錄交付之。

III 義務人或利害關係人因警察行使職權有違法或不當情事，致損害其權益者，得依法提起訴願及行政訴訟。

《中華民國刑法》第135條第1項

對於公務員依法執行職務時，施強暴脅迫者，處三年以下有期徒刑、拘役或三十萬元以下罰金。

Laws and Acts

酷刑正在台灣發生！
File NO. JA00039G
00039F
File NO. JA0
0039D
File NO. JA00039C
File NO. JA00039B
IO. JA00039A

發生什麼事??

每年的六月二十六日，是「支持酷刑受害者國際日」。

聯合國為了紀念一九八七年六月二十六日《禁止酷刑和其他殘忍、不人道或有辱人格的待遇或處罰公約》生效，因此將這天指定為「支持酷刑受害者國際日」。

聯合國前祕書長安南曾經表示：

支持酷刑受害者國際日的宗旨是對酷刑受害者及家庭和群體遭受的苦難表示關注，並以集體的名義重申對酷刑及種種殘酷、非人道和有辱人格處罰的譴責。

酷刑在台灣

二〇二〇年底，行政院也宣布制定《禁止酷刑及其他殘忍不人道或有辱人格之待遇或處罰公約及其任擇議定書施行法》草案，若通過，《禁止酷刑公約》將在台灣取得法律效力。

那麼，今日的台灣，還有酷刑嗎？

你也許很難想像，但酷刑真的存在於台灣，而且正在發生。

有一個人叫做邱和順，他從二十八歲被羈押，至今超過三十二年。現年六十歲的他，因為司法一連串的錯誤，隨時有被槍決的可能。

經歷三十二年的救援，如今，許多人也呼籲蔡英文總統特赦邱和順。

陸正案與柯洪玉蘭案

一九八七年十一月，苗栗縣一名保險業務員柯洪玉蘭遭到強盜分屍；同年十二月，新竹市一名國小學童陸正，在補習班下課後正等待家人來接送時失蹤，之後家屬接獲來自歹徒的勒贖電話，並依指示交付了贖金，卻始終未見孩子歸來。

竹南鎮警方在偵辦柯洪玉蘭案時，發現許多關鍵線索，包括一把殺豬刀、沾染血跡的衣物，以及柯洪玉蘭的皮鞋。血跡遭到污染無法辨識，而殺豬刀上刻了製刀者的姓名，警方鎖定了一名從事屠宰業的男子，他欠柯洪玉蘭數萬元的賭債，柯洪玉蘭時常出入他的住處。且在柯洪玉蘭失蹤期間，這名男子曾經身中三刀，自行前往就醫，卻又匆匆離開醫院。

竹南鎮警方認為這名男子嫌疑重大，準備收網逮人時，卻突然殺出了台北市刑大。台北市刑警大隊依祕密證人的指述，逮捕了邱和順等十二名被告，「飛象過河」辦理這兩起苗栗及新竹的案件，並自行宣布破案。

只是，竹南鎮警方鎖定的這名神祕男子，並不是邱和順。

一九八九年，邱和順等人因柯洪玉蘭案以及陸正案，被判處死刑。

兩百八十八份通往死刑的自白

雖然法官做出有罪判決，不過這兩個案件並沒有任何客觀證據證明邱和順等人犯案，且柯洪玉蘭的頭顱和四肢，以及陸正的屍體至今都未被尋獲。

我們都知道，檢察官要起訴、法官要判有罪，一定都要有證據，那為什麼邱和順會被判死刑呢？

全因為被告等人在警詢時的「兩百八十八份自白筆錄」——「被告跟警察承認自己有犯案」，因此法官就認為被告有做、有罪。

「證據」編纂的犯罪事實

然而這兩百八十八份自白，內容多處前後矛盾，也與客觀事實不同。有的人說他們擄走柯洪玉蘭的時間是中午，有的人說是下午兩、三點。而事實上，根據柯洪玉蘭的親戚所說，直到當天傍晚六點，都還在住家附近看到柯洪玉蘭，甚至還跟她打招呼。

柯洪玉蘭遺體上的斷面非常平整，法醫相驗後認為凶手可能以殺豬為業。

被告們說，柯洪玉蘭當天穿著長裙，但證人卻說柯洪玉蘭穿著綠色的七分褲。被告說，他們把柯洪玉蘭押到Ａ或Ｂ旅館投宿，但這兩間旅館的人員都沒看到邱和順或柯洪玉蘭。

警方從陸正案勒贖紙條中取得的指紋，與被告完全不符合。邱和順在自白中說他曾打過勒贖電話，但勒贖電話的錄音帶，經過聲紋鑑定後，卻與邱和順不符。

陸正失蹤的當天早上是搭公車上學，但邱和順的自白卻說當天早上看到陸正由家人開車接送，認為他是有錢人家的小孩，因此鎖定為擄人勒贖的目標。

而自白中完全沒有任何人提到竹南鎮警方發現的證物。

但哪個人會沒做的事情卻自己說有做呢？

被告上法庭後全部翻供，否認自己犯案。指出所有的自白都是在被警察刑求的情況下做出來的。

從現存的警詢錄音檔中，可以明確聽到員警刑求逼迫的事實，亦有當時辦案的員警時隔多年後，本於良心出面證實被告曾遭警方暴力虐待。

王清峰女士擔任監察委員期間，親自聆聽一百多份筆錄的警訊錄音，並於一九九四年提案糾正承辦本案的十名警員和兩名檢察官「強暴脅迫」及「草率結案」。法院於一九九八年，亦依妨害自由及偽證罪，判決其中四名員警有罪確定。

等待

邱和順在二〇一一年經最高法院駁回上訴，死刑定讞。期間被羈押了近二十三年，是台灣史上被羈押最久的被告，也是世界上罕見的司法情況。

至今，有許多義務律師團及人權團體為邱和順努力，但即便提起非常上訴、再審數次，仍未改變邱和順的有罪判決。其他的共同被告已認罪協商，而被減刑出獄，但邱和順堅持拒絕認罪，只求無罪判決。

二〇一九年，「模擬亞洲人權法院」審理「邱和順訴中華民國案」（Chiou Ho-Shun v. Republic of China），認為包括重要證物的滅失使得邱和順無法就其有利的證據重新進行鑑定，而致邱和順受到不利的判決結果，以及法官未自行迴避而無法公平公正審判等原因，認為相關判決違反《公民與政治權利公約》第14條有關於公平審判的權利。

模擬亞洲人權法院的法官也指出，本案從第一審至最高法院，甚少從審理程序是否正當、證據的考量是否符合公正審判的人權標準等標準去檢驗。模擬亞洲人權法院雖然僅是模擬而沒有法律拘束力，但是其影響力卻可能很深很遠。

我也是看法白才想到

二〇二〇年，監察院第四度提出調查報告，認為邱和順案發時遭偵查機關藉由刑求等方式非法取供，而且在其他證據不足的情況下就判處死刑，判決不當。

此外，邱和順其後被單獨監禁四年、更配戴腳鐐長達十八年，受到酷刑且不正對待，違反公民與政治權利國際公約第7條與第14條的規定，監察院也在報告中公開要求最高法院應該要重新調查，彌補並糾正過去的錯誤。

負責調查的監察委員高涌誠表示：「從監察院立場真的認為邱和順是無辜的。司法不願意糾錯，沒有人能夠代替你去做第四審。既然僵持在那邊，總統行使赦免權當然是個解套方法。我們認為總統應該考慮予以特赦。」

過了三十二年，在隨時會被執行槍決的陰影下，年逾六十歲的邱和順健康狀況也越來越差，更印證了「酷刑」的事實。救援團體如今也呼籲蔡英文總統「特赦」邱和順，終止發生在他身上的不正義。

時至今日，邱和順還在等待；真凶到現在仍下落不明，沒有人可以給被害者家屬一個交代。

ISSUE 039

法律歸法律？

熱門新聞話題中的法律爭議，我也是看法白才知道！

作　者—法律白話文運動
主　編—王育涵
資深編輯—張　擎
責任企畫—郭靜羽
美術設計—吳郁嫻
插　畫—吳郁嫻
總編輯—胡金倫
董事長—趙政岷
出版者—時報文化出版企業股份有限公司
108019 台北市萬華區和平西路三段二四〇號七樓
發行專線—（02）2306-6842
讀者服務專線—0800-231-705、（02）2304-7103
讀者服務傳真—（02）2302-7844
郵撥—19344724 時報文化出版公司
信箱—10899 臺北華江橋郵政第九九信箱
時報悅讀網—www.readingtimes.com.tw
人文科學線臉書—https://www.facebook.com/humanities.science/
法律顧問—理律法律事務所　陳長文律師、李念祖律師
印　刷—勁達印刷有限公司
初版一刷—二〇二二年五月二十七日
初版四刷—二〇二四年四月二十九日
定　價—新台幣四二〇元

法律歸法律？：熱門新聞話題中的法律爭議，我也是看法白才知道！／法律白話文運動著. -- 初版. -- 臺北市：時報文化出版企業股份有限公司，2022.05
面；　公分. -- (Issue；39)
ISBN 978-626-335-342-8(平裝)

1.CST: 法律 2.CST: 通俗作品

580　　111005809

ISBN 978-626-335-342-8
Printed in Taiwan

時報文化出版公司成立於一九七五年，
並於一九九九年股票上櫃公開發行，於二〇〇八年脫離中時集團非屬旺中，
以「尊重智慧與創意的文化事業」為信念。